금까마귀 계수나무 위를 날고

청정한
본마음
밝혀주는
금오 선사
평전

금까마귀
계수나무 위를 날고

박부영 지음

불교신문사

금오 선사 진영

덕숭산맥하(德崇山脈下)

금부무문인(今付無文印)

보월하계수(寶月下桂樹)

금오철천비(金烏徹天飛)

—

덕숭 산맥 아래

무늬 없는 인(印)을 지금 전하노라

보월은 계수나무에서 내리고

금오는 하늘 끝까지 날으네.

감사의 글

월서 스님
금오선수행연구원 이사장, 법주사 조실

　우리나라 건국 이념은 단군의 홍익인간 사상입니다. 널리 인간을 이롭게 한다는 이 건국 이념은 5천 년 한반도 역사를 관통하고 정신을 지배하는 국가 통치철학이며 한 민족을 하나로 아우르는 신념이었습니다. 미국은 청교도 정신으로 세운 나라입니다. 자유로운 개인이 끝없는 도전을 통해 부(富)를 추구하는 국가 이념이 이 나라를 세계 제일의 제국으로 일으켰습니다.
　국가나 단체, 세속의 문중까지 그 뿌리와 정신을 지니고 있습니다. 원래 정신을 잊지 않고 계승 발전해 나가는 집안이나 국가는 흥하지만, 그렇지 못한 집안은 멸문(滅門)의 길을 걷는 것이 동서고금의 진리입니다. 왜 정신이 중요한가 하면 정신은 다른 동물에게는 없는 인간만이 갖고 있는 고유한 특성으로 사람의 지적 활동, 윤리적 규범, 추구하는 지향점 등 인간의 모든 지적 활동이 정신을 통해 이루어지기 때문입니다. "호랑이에게 물려가도 정신만 차리면 산다."라든지, "정신을 집중하면 못할 일이 없다."라는 등의 말은 자신이 처한 조건보다 사람의 의지가 훨씬 더 중요하다는 점을 일깨워 준 말입니다. 상황이 아무리 어려워도 불굴의 정신으로 이를 극복하는 위인들이 수도 없이 많습니다.

반면에 조상으로부터 물려받은 풍부한 자원과 재산에도 불구하고 정신을 차리지 않아 한 세대를 넘기지 못하고 멸하는 가문이나 국가를 보기도 합니다. 정신이 중요한 또 다른 이유는 이 정신이 나의 주체이기 때문입니다. 웃고 울고 말하고 눕고 먹는 주체는 내 몸이 아니라 정신, 불교에서는 이를 마음이라고 합니다. 그 정신 마음이 몸뚱아리를 움직이고 행동하게 만들기 때문에 마음을 어떻게 쓰느냐에 따라 나는 부처일 수도 있고 중생일 수도 있습니다.

마음의 중요성 정신의 위대함을 이토록 강조하는 이유는 일찍이 소납의 은사께서 강조한 참선을 되살리기 위해서입니다. 소납의 스승이신 금오 대선사께서는 첫째도 참선(參禪), 둘째도 참선(參禪),

셋째도 참선(參禪)이라고 말씀하셨습니다. 금오 대선사께서는 "거듭 열 번이고 스무 번이고 말하지만, 하나에도 선(禪), 둘에도 선(禪)이며, 셋·넷·열·백·삼천대천세계(三千大千世界)와 항하사(恒河沙)가 다할 때까지도 선뿐임을 부처도 말했고, 조사(祖師)도 말했다." 하시며 "우리는 불조(佛祖)에 못지않은 믿음과 발원(發願)으로 출가하지 않았는가. 모든 부처님과 모든 조사는 오직 참선 수행하여 오도(悟道)하였음은 재론이 필요 없다. 또 불조의 중생제도도 이에 벗어남이 없음을 우리는 안다. 천상천하(天上天下)에 어디고 선을 버리고 다시 무엇으로 윤회와 고해를 벗어나겠다고 하는가. 선의 길은 곧 우리가 살아야 할 길이며 사는 길 바로 그것인 것이다. 선(禪)의 길을 등지고 그 진리를 말살하는 자는 불법문(佛法門) 중의 마구니이며, 불법을 알지 못한 이며, 중이라는 의미도 모르는 중이며, 거짓 사람인 것을 면치 못할 것이다."라고 일갈하셨습니다.

스승께서 말씀하신 선(禪)이 곧 우리 종단 우리 종도들의 골수(骨髓)를 이루는 정신입니다. 우리 조계종도들은 부처님의 가르침을 믿고 따르며 실천하는 불법(佛法) 문중의 제자들입니다. 스승께서 말씀하신 대로 부처님께서는 참선 수행을 통해 생사(生死)의 굴레를 벗어던졌고, 삽삼조사(卅三祖師)들을 비롯해서 수많은 선현들이 오직 참선 수행을 통해 윤회의 사슬을 끊었습니다. 우리는 인간사에 태어나 사람으로서 오직 그 길만이 진리이며 유일한 가치이며 갈 길임을 믿고 따르기로 원력을 세운 납자들입니다. 그래서 선사께서는 선의 길을 등지면 '불법 문중의 마구니'라고 일갈하신 것입니다.

그런데 선을 강조하면 고리타분하고 시대에 뒤떨어진 늙은이의 푸념 정도로 취급당하는 것이 현실입니다. 언제부터인가 우리 종단에 선(禪)보다는 종헌종법을 지키면 종도로서 제 의무를 다한 듯한 분위기가 만들어졌습니다. 물론 조계종도는 종단의 규율인 법을 지켜야 합니다. 하지만 이는 수동적이고 형식적인 질서이지 근본적이고 주체적이며 능동적인 정신과는 거리가 멉니다. 우리는 자발적으로 생사의 고뇌에서 벗어나고자 출가한 사문(沙門)이기 때문에 단지 종도로서 의무를 규정한 종헌종법을 지켰다고 해서 제 역할을 다했다고 안주해서는 안 됩니다. 참선 정진하지 않으면 삭별염의하고 종헌종법을 잘 준수한다 해도 불법 문중의 대도(大道)를 구하는 공부인이라고 할 수 없을 것입니다. 우리가 근본적으로 취해야 할 자세와 가야 할 길은 오직 참선을 통해 본래면목을 되찾아 중생을 구제하는 길 하나뿐임을 명심하고 또 명심해야 합니다.

이를 위해서는 조사(祖師)들께서 가신 길을 면밀히 연구하여 그분들이 가신 길을 배워야 할 것입니다. 우리는 중국의 조사들이 하신 말씀과 선어록은 열심히 배워 잘 알지만, 막상 몇 해 전까지 우리와 함께 호흡하고 불법의 진수를 일러주셨던 스승들에 대해서는 알지도 못하고 알려고 들지도 않습니다. 선지식으로 모셨던 그분들은 우리 곁에 오셨던 부처님이었습니다. 나라를 빼앗기고 대처승들에 의해 괄시받으면서도 불굴의 의지로 공부하여 도를 이루신 우리들의 스승들이야말로 우리 종도들이 배우고 따라야 할 부처님입니다. 그중에서도 금오 선사께서는 단 한 번도 곁눈질하거나 흐트러짐 없이 완벽하게 사문의 길을 걸으신 가장 모범적인 비구승이셨습니다.

금오당 태전 선사께서는 1896년 7월 23일 전남 강진에서 태어나 16세 때인 1911년 1월 5일 강원도 금강산 마하연선원에서 도암긍현(道庵亘玄) 선사를 은사 및 계사로 출가 득도하시고, 오대산 월정사 등에서 수선안거하시며, 초발심 시절부터 피나는 고행정진을 하셨습니다. 이러한 공부가 바탕이 되었기에 28세에 한국선불교를 중흥시킨 경허 선사의 덕숭 문중 정통 선맥을 이을 수 있었습니다. 만공 스님으로부터 당신이 가장 아꼈던 제자 보월 선사의 사법제자임을 증명 받아, 경허-만공-보월로 이어지는 선맥을 이어, 김천 직지사 선원 조실을 비롯하여 안변 석왕사, 서울 도봉산 망월사, 청계산 청계사, 지리산 칠불선원, 모악산 금산사, 팔공산 동화사 등에서 후학들을 제접하며 비구승들의 지도자로 자리매김하셨습니다.

선사께서는 비구승으로 단 한 번도 흔들림 없이 완벽한 수좌로 평생을 사셨기에 비구들의 존경을 받아 청정승단을 수호하는 불교정화운동에 앞장서기도 했습니다. 그리하여 종단의 부종정과 감찰원장을 맡아 흐트러졌던 불교 전통과 체계를 바로잡는 데 주력하는 한편, 서울 봉은사, 구례 화엄사 주지를 맡아 가람을 일신하고 선원을 개설해 우리 선불교 정통을 몸소 확립하셨습니다.

하지만 선사께서는 문자로 가르침을 남기지 않아 후학들이 당신의 삶을 배우기 어려웠고, 이는 종단에 큰 손실로 작용해 평생을 모셨던 소납의 잘못인 듯하여 오랜 세월 불면의 밤을 지새워야 했습니다. 그리하여 이대로 손 놓고 있을 수 없다 하여 스승의 유업을 잇는 것이 종도들과 중생을 위한 보살행이라는 생각에 원력을 세워 선사의 말씀과 행적을 기록하고 책으로 남기는 불사에 착수했습니다.

먼저 선사의 불교정화운동과 유훈을 기리기 위해 '금오선수행연구원'을 설립하였으며, 이어 선사의 정화운동을 그린『금오스님과 불교정화운동』(전2권)을 펴내고, 이를 기반으로 동국대학교 종학연구소와 합심하여 금오 스님의 생애와 수행관·계율관·선사상 등 선사의 삶과 사상체계를 학문적으로 조명하는『금오스님과 한국불교』를 펴냈습니다.

이어서 선사께서 입적 후 사형이신 월산 대종사께서 지난 1970

년대 펴냈던 『금오집』을 보완하여 선사께서 남긴 법문을 엮은 『금오집』을 새로 편찬하였습니다. 10여 년에 걸친 작업을 통해 선사의 생애와 사상을 정리했으나, 이를 대중화하여 금오 문중이 아니더라도 우리 종도들에게 선사의 삶을 배우게 하고, 나아가 재가신도들에게도 삶의 교훈을 주는 대중화 작업은 미진하여, 지난 2014년에는 불교신문과 금오선수행연구원이 공동으로 선사의 생애와 사상을 조명하는 기획물을 연재하였습니다. 이를 통해 많은 사부대중들께서 선사의 진면목을 알게 되고 참으로 많은 감동을 주게 되었습니다.

그리고 신문 연재를 책으로 펴내 더 많은 사람들에게 기회를 제공해야 한다는 대중들의 뜻을 받아 이번에 다시 책으로 엮게 되었습니다. 이 책이 나오기 직전 '금오 선사 탄신 120주년'을 맞아 금오 선사 연구로 최초의 박사학위를 제자 청원이 받고 석사학위를 받았으니 이 모두 스승의 덕화입니다.

많은 분들이 종단과 승려들을 탓합니다. 이 모든 허물은 소납을 비롯한 우리 세대가 제대로 스승의 가르침을 잇지 못한 탓이라고 생각합니다. 그러나 누구를 탓하기 전에 우리가 왜 출가를 했으며 가야 할 길이 무엇인지 초심을 되돌아보고 반성하는 것이 불교다운 처방이며 부처님 제자다운 모습일 것입니다. 그래도 찾을 길이 없다면 금오 선사께서 가신 길을 찾아보기를 바랍니다. 금오 선사께서 어떻게 평생을 수행하셨으며, 무엇을 하고자 했는지 이 책을 통해 배운다면 한국불교가 대중들의 신뢰를 받고 세계인들이 존경하는 승가로 거듭나게 될 것임을 확신합니다. 이 책을 세상에 내놓는 이유가 바로 여기에 있습니다.

    이 책이 나오기까지 격려해 주신 사형 사제분들과 불교신문사 관계자 여러분 그리고 출판사에 감사를 드립니다.

격려사

밀운 대종사
원로회의 의장

올해 금오 선사(金烏 禪師) 탄신 120주년을 맞아 선사를 극진히 모셨던 천호월서(千湖月敍) 대종사께서 불교신문과 함께 선사의 일생을 조명하는 책을 내게 되니 원로스님들을 대표해서 기쁨과 노고를 표합니다.

월서 대종사께서는 이에 앞서 선사의 불교정화운동과 유훈을 기리기 위해 '금오선수행연구원'을 설립하여 선사의 정화운동을 그린 『금오스님과 불교정화운동』(전2권)과 동국대학교 종학연구소와 합심하여 금오 스님의 생애와 수행관·계율관·선사상 등 선사의 삶과 사상체계를 학문적으로 조명하는 『금오스님과 한국불교』를 펴내고, 선사께서 남긴 법문을 엮은 『금오집』을 새로 편찬하셨으니, 월서 스님께서는 가히 석가모니 부처님의 아난존자와 같은 제자로 존경받아 마땅할 것입니다.

석가모니 부처님의 위대한 가르침이 아난존자와 우바리존자의 기억과 전승이 없었다면 불교가 어찌 오늘날까지 전승이 되었겠습니까? 선사의 명성은 익히 알지만 단편적 지식만 알던 터에 삶과 수행 이력까지 상세하게 배우고 후학들에게도 전하게 되었으니 월서 대종사의 공덕이 참으로 크고 넓다 하겠습니다.

　금오 선사는 늘 우리 후학들에게 첫째도 참선(參禪), 둘째도 참선(參禪), 셋째도 참선(參禪)이라고 일러주셨으니 지금도 '금오 선사' 하면 호랑이처럼 용맹하고 태산 같은 기풍을 지녔던 참 수좌의 모습을 떠올립니다. "거듭 열 번이고 스무 번이고 말하지만, 하나에도 선(禪), 둘에도 선(禪)이며, 셋·넷·열·백·삼천대천세계(三千大千世界)와 항하사(恒河沙)가 다할 때까지도 선뿐임을 부처도 말했고, 조사(祖師)도 말했다."고 하신 선사의 할(喝)은 수도승들의 출가 목적이 어디에 있는지를 다시 한 번 되돌아보게 하는 만고에 남은 고언(苦言)입니다.

　돌이켜 살펴보건대 선사의 참선 정진 강조는 많은 가르침을 내포하고 있습니다. 출가의 목적은 인간 진면목(眞面目)을 자각하여 참된 주체성을 확립하는 것 외에 아무것도 없습니다. 인간이 세상에 태어났으면서도 참된 주체를 알지 못하고 생명의 근원이 무엇인가를 모르고, 어제 하던 그대로 오늘 되풀이하고 '내일 내일' 하며 허송세월로 보내다 죽음을 맞이하는 허수아비의 공허한 삶을 벗어나 '나의 진면목은 무엇이며', '울고 웃고 나고 죽는 주인공이 누구인지'를 묻는 주체적인 삶, 인간다운 삶을 살고자 원력을 세우고 죽기를 각오한 자가 바로 수행승이기 때문입니다.

미혹과 고통에서 벗어나 진리의 주체요, 만법의 근원자로서 자기를 회복하는 이러한 깨달음에 이르는 길을 걷는 이가 수도승이니 우리 출가자가 첫 번째도 두 번째도 백 번째도 선뿐이라고 금오 선사의 가르침을 금과옥조로 삼아 늘 되새기고 실천해야 할 것입니다.

선사께서 노구를 이끌고 종단 정화불사에 앞장선 것도 오직 선을 참구하기 위해서였습니다. 해방 후 우리 불교가 개인 중심의 세속화로 전락해서 일본식으로 갈지 대중이 원융하는 전통의 선종불교로 갈지 기로에서 정화를 통해 정통 불교를 회복하고 부처님 본래가르침을 되찾았으니 그 중심에 선 분이 바로 금오 선사입니다.

선사께서 당대의 고승들을 모시고 수좌들을 추동하여 '불타의 교시를 받들어 수도와 교화로써 불조의 혜명을 계승하고, 정법수호와 종단 부흥을 위하여 신명을 바치는' 불교정화운동을 일으킨 공덕으로 인해 오늘날 한국불교는 결제(結制) 철이면 선불장(禪佛場)에 납자들로 넘쳐나고 조사서래의(祖師西來意)를 참구하는 공부인들로 산을 가득 채우는 가풍이 세워졌으니, 선사의 탄신 120주년은 우리 종단의 경사요 함께 기려 마땅한 뜻깊은 날이라 할 것입니다.

금오 선사에게 사찰은 오직 대중들의 공부 처소일 뿐이요, 모든 행정과 종단 사무도 오직 참선 공부 지원이 전부였습니다. 정화는 단지 이를 위한 방편일 뿐이었습니다. 그러하셨기에 선사께서는 낡고 퇴락하고, 신도 한 명 찾지 않는 궁벽한 산간 절도 마다 않고 제자들과 가셔서 화두 참구하셨으며, 누구든 공부하겠다고 찾아오면 흔쾌히 받아들여 오늘날 가장 크고 넓은 회상을 이루셨습니다.

그러나 선사의 가르침이 풍부하게 남아 전해지지 못하고 선사의 명성마저 희미해져 가던 것을 안타까워하던 차에 월서 대종사의 원력으로 일반인들도 읽기 쉽고 감동받을 책으로 나오게 되었으니 이번 책 발간을 계기로 참선 정진 가풍이 더 거세게 일어나기를 기원해 봅니다.

"선의 길은 곧 우리가 살아야 할 길이며 사는 길 바로 그것인 것이다. 선(禪)의 길을 등지고 그 진리를 말살하는 자는 불법문(佛法門) 중의 마구니다."라는 가르침이 이 책 발간을 계기로 더 이상 선사의 어록 속에 갇히지 않고 종도들에게는 수행자의 지남(指南)이 되고 날로 심성이 피폐해져 가고 물질문명에 젖어 본래의 자신을 잃고 방황하는 사회인들에게는 밝고 행복한 사회를 만드는 등불이 되기를 기원하며, 다시 한 번 월서 대종사를 비롯하여 책 발간을 위해 애써 주신 불교신문사와 관계자 여러분들의 노고를 치하합니다.

서문

2016년 8월 25일은 금오 선사(金烏 禪師) 탄신 120주년 되는 날이다. 선사는 구한말(舊韓末)인 1896년에 태어나 1968년 입적할 때까지 일평생을 오직 참선 공부에만 일관했다. 일평생을 수좌로 살며 조계종이 나아가야 할 길을 몸소 보여 준 선지식이었다. 많은 선지식들이 근현대 한국불교사를 수놓았지만 선사처럼 평생을 단 한 번도 흐트러짐 없이 일관되게 산 분은 찾아보기 쉽지 않다.

그럼에도 불구하고 금오 선사는 한국불교사에서 크게 조명을 받지 못하고 있다. 가장 큰 이유는 종단 차원에서 정화를 제대로 조명하고 계승하지 않았기 때문이다. 조계종단의 창종 목적은 불교정화였으며 정화는 곧 부처님 가르침대로 사는 승가 그 자체다. 부처님 가르침은 보리(菩提)의 증득(證得)과 자비구현으로 요약할 수 있다. 이를 실현하기 위한 목적으로 조계종단이 출범했으며 선을 방법으로 선택했다. 출가자의 존재 이유, 종단의 출범 목적이 모두 선(禪)으로 귀결된다.

　금오 선사는 그래서 선을 버리는 출가자는 마구니라고 단정했다. 금오 선사는 출가 후 8년을 금강산에서 고행하고 덕숭산에서 경허-만공-보월로 이어지는 한국선의 정통 맥을 이은 한국 선가의 적장자다. 적장자답게 선사는 교과서대로 실천하며 살았다. 선사는 방편이나 이유 조건 등을 달지 않았다. 선가의 교과서 그대로 공부하고 말하고 행동했다. 8년을 가행정진하고 스승의 스승들을 찾아 공부를 점검하고 다시 산천을 다니며 공부하며, 15년에 걸쳐 제방의 선지식들을 모시고 다시 한 번 마지막 남은 습기(習氣)마저 씻어냈다. 16세에 출가하여 40세가 되어서야 법석에 올라 당신의 법을 펼쳤다.

　당신 공부 때문에 현실을 외면하지도 않았다. 일제에 의해 무너진 계율과 선 전통을 지키는 데 가장 앞장섰다. 선사의 철저한 실천행에 수좌들은 감동하고 기꺼이 뒤를 따랐다. 불교정화운동의 기치가 선사에 의해 타올랐고 가장 많은 납자들이 선사의 그늘 아래 모였다.

그런데 정말 거짓말처럼 금오 선사는 종단에서 잊혀졌다. 왜 한국불교는 중국 선종사에서도 유래를 찾아보기 힘들 정도로 수행과 계율에 철저했던 한 도인(道人)을 망각했을까? 가장 큰 이유는 종단 내부 문제 때문이다. 정화의 산물이면서도 그 명분과 목적을 빛의 속도로 망각하고 왜곡한 지난 반세기의 종단 풍토가 정화 그 자체인 선사를 잊게 했다.

두 번째, 금오 선사는 말이 아닌 행동으로 당신의 공부를 보여 준 분이었다. 문자를 거의 남기지 않고 몸으로 보여 줄 뿐이었다. 선원 조실이면서도 제자들이 공부하도록 산에서 나무를 해다 바쳤다. 선사를 길러낸 덕숭 문중의 가풍이 그러했다. 문자나 말보다 몸으로 행동으로 경책하고 보여 주었던 수월·혜월 선사의 가풍을 선사도 제자들에게 보여 주었다.

세 번째, 대중들은 선사가 정화를 이룩한 본래 뜻을 제대로 알지 못했다. 금오 선사는 종권(宗權)을 원하지 않았다. 선사는 참선 공부하는 최소한의 조건만 갖추면 된다는 생각에 정화를 했다. 그 최소한의 조건이 바로 총림이다. 중국에서 발원한 선종 초기 수좌들은 그 전과는 다른 수행공동체를 만들었다. 최소한의 절제된 생활을 통해 경제적 자립을 획책하고 참선 수행에 전념하는 수행자 집단이 바로 총림이다. 그래서 선사는 종단 권력이 아니라 사찰에서 총림의 규율을 확립하고자 했다. 총림의 규율이란 법당을 세워 장로는 상당설법하고 대중들은 업무를 나눠 함께 공부하고 함께 일하는 청규(清規)다. 선사가 원한 정화는 바로 대중들이 함께 모여 법을 논하고 참선하는 총림체제였다. 그래서 선사는 종단 정화가 본래 궤도를 잃고 퇴락하자 피눈물을 흘리며 이렇게 일갈했다.

"정화 십 년의 실태를 얘기하며 선원의 설치와 선풍의 진작, 그리고 총림(叢林) 일이 급하다고 말했으나, 여기에 대한 뜻은 조금도 없어 보였다. 그러니 고해에 빠진 중생은 누가 책임지겠는가?"

선사에게 사찰은 수행공동체 총림을 위한 필요조건이었으며 정화는 이를 위한 방편일 뿐이었다. 하지만 정화 이후 종단은 물론 사찰 학자들까지 오직 종권의 향배와 인사에만 온통 관심을 쏟았다.

지리산 팔공산 무주의 산속 가람에서 선사가 펼쳤던 수행공동체에는 어느 누구도 눈길을 주지 않았다. 그저 선사의 제자들이 어느 본사를 차지하고 있는지에만 관심을 두고 수군거렸다.

비구 대처로 대표되는 스님들 간의 종단 중앙을 둘러싼 권력 개편, 총무원 중앙종회를 통한 각종 법령 정비 및 정부와의 관계, 종단 차원의 각종 정책 등은 제대로 된 수행 풍토를 조성하기 위한 수단이지 목적은 어디까지나 수행공동체 회복이다. 금오 선사를 다시 조명하는 이유는 바로 우리 종단사에서 소홀히 취급되어 온 정화의 본모습을 되살리는 데 있다. 이를 통해 한국불교의 잘못된 점이 어디에서 비롯되었는지 제대로 파악할 수 있으며 가야 할 길을 되찾을 수 있는 것이다.

정화는 처음 수좌들이 공부에 전념할 수 있는 도량 18곳을 요구하는 데서 시작됐다. 경허 이후 구한말 일제강점기를 거치면서 최악의 조건에서도 청정불교를 지키며 치열하게 수행했던 수좌들이었지만 일제강점기나 해방 후에나 달라진 것은 없었다. 단지 수좌들의 공부 환경만 열악한 것이 아니라 변화하는 현대화의 물결에 대응해 중생구제의 본래 사명을 다해야 하는 사명도 뒷전으로 밀렸다. 가족 부양이 우선인 대처승들은 불교의 두 가지 핵심인 상구보리(上求菩提) 하화중생(下化衆生) 모두 수행할 능력도 의지도 없었다. 불교정화는 불교의 두 날개, 깨달음과 자비구현이라는 부처님의 본래 가르침을 수행하기 위해서 수좌들이 일으킨 운동이었다.

이 과제들은 하나는 종단 중앙을 통해 종단 체제 정비 법령 등으로 나타났고, 다른 하나는 사찰에서 대중들의 삶과 사찰운영을 통해 구현되는데 금오 스님이 사찰 변화의 중심에 서 있었다고 할 수 있다. 대처승 중심의 사찰은 철저히 주지 개인에 초점이 맞춰진다. 반면, 가족이 없는 청정 비구승들은 사찰운영은 물론 스님들의 생활까지 모두 대중을 중심에 놓는다. 이 방식이 바로 선불교 발흥과 더불어 나타난 총림(叢林)제도다. 대중이 함께 공부하고 논의하며 공공을 중심에 놓는 원융살림이야말로 정화운동이 만들어 놓은 한국불교의 근본적 변화이며, 이 변화를 통해 오늘날과 같은 세계적인 종단으로 설 수 있었던 것이다.

한국불교는 해방 후 개인 중심의 세속적 사찰운영 방식, 즉 일본식 제도를 따를 것인지 대중이 중심이 되는 출세간적 사찰, 즉 중국에서부터 내려오는 전통 선종방식을 따를 것인지 기로에서 정화를 통해 후자의 길로 갈 수 있었다.

그 핵심 역할을 수행한 분이 바로 금오 선사다. 금오 선사는 1955년 종단이 비구승 중심으로 전환되자 곧바로 지방 사찰로 내려가 선원을 개설하고 수좌들을 지도했다. 선사는 한곳에 머물지 않고 봉은사 법주사 화엄사 동화사 청계사 등 주요 사찰을 돌며 선원을 개설하고 수좌들을 제접했다. 대중이 중심에 서고 선(禪)이 사찰의 핵심이 되는 총림 전통을 되살린 전법도생의 길이다.

1950년대 후반 종단 정화 후부터 입적 때까지 계속된 이 길은 정확하게 경허 선사의 궤적과 같다. 경허 선사 역시 견성 후 공부를 했던 충청도 지역을 중심으로 보임하다 말년에 범어사 해인사 통도사 김녕사 등 영남 지역 사찰을 돌며 선원을 개설하거나 선원에서 후학들을 지도한다. 이를 통해 조선 500년을 거치며 사라질 뻔했던 전법의 등불은 다시 타오른다. 경허 선사가 간신히 밝힌 불씨는 일제에 의해 다시 꺼질 뻔했지만 금오 스님이 다시 전국을 돌며 정통 선법을 설파, 활짝 타오른 것이다.

금오 선사의 역할이 이처럼 한국불교사에서 크고 광범위했지만 제대로 조명되지 않아 그 활약상과 정신이 계승되지 못하고 있음은 불교 전체적으로 엄청난 손해다. 따라서 금오 선사를 이 시대에 조명하는 것은 정화불사의 정신을 되살리고 한국불교의 미래를 밝히는 일이며, 운동의 본래 정신이 어디에 있는지를 후세에 전하는 막중한 과업이다. 금오 선사를 조명하는 책을 펴내는 이유가 바로 여기에 있다.

이 책은 월서 스님이 만든 '금오선수행연구원'에서 펴낸 『금오스님과 불교정화운동』(전2권), 동국대 종학연구소가 주관한 『금오스님과 한국불교』, 『금오집』 등 기존의 금오 스님 연구성과를 다수 참조하였음을 밝힌다.

차례

- 감사의 글 ... 08
- 격려사 ... 17
- 서문 ... 22

제1부
금오 선사의 생애

경허 만공 보월, 덕숭의 맥을 잇다	... 35
출가	... 48
덕숭의 법을 잇다	... 58
사제의 인연을 맺다	... 68
금오로 다시 태어나	... 77
수월 선사와의 만남	... 84
대중 앞에 나서다	... 96
일제강점기 한국불교 현실을 목도	... 102
제자를 맞이하다	... 110
정화를 주도하다	... 121
수행공동체 회복을 위한 정진	... 138
쉼 없는 정진	... 156
적상산 태백산 거쳐 서울로	... 164
입적	... 174

제2부	금오 스님과 정화	... 187
정화, 그리고	'율사' 금오 스님	... 198
선사의 사상과	금오 스님의 선사상(禪思想)	... 206
수행관	금오 스님의 수행관(修行觀)	... 212

제3부	찬(讚) _ 경봉 스님	... 224
금오 선사를	앉아야 할 때면 앉고	
기리며	가야 할 때는 가고 _ 향곡 스님	... 225
	발문(跋文) _ 월산 스님	... 227
	'절구통 수좌' 금오 선사 _ 명선 대종사	... 232
	"나, 중(僧) 대장이요"_ 인환 대종사	... 241
	언행일치의 모범을 보이신 스승 _ 월서 대종사	... 252

- 책을 마무리하며 ... 262
- 금오 대선사 연보 ... 270

제1부
금오 선사의 생애

● 한국불교의 선맥을 일으킨 서산 천장암

경허 만공 보월,
덕숭의 맥을 잇다

금오 스님은 경허(鏡虛) – 만공(滿空) – 보월(寶月) 선사로 이어지는 한국불교 정통 선맥(禪脈)을 이었다. 경허 스님은 더 이상 언급이 필요 없는 한국불교 중흥조(中興祖)이다. 선사의 법은 '3월(三月)'로 일컫는 경허가 배출한 '월(月)' 자 돌림의 세 명의 걸출한 제자 혜월(慧月)·수월(水月)·월면(月面, 만공)에 의해 이어져 크게 융성, 오늘의 한국불교를 만들었다.

삼국시대에 이 땅에 들어온 불교는 몇 차례 부침을 겪는다. 민족의 명운에 따라 민초들과 함께하며 성쇠(盛衰)를 반복했다. 화엄(華

嚴)불교가 통일된 삼국의 정신과 문화를 지배했지만 귀족화 되면서 선불교에 자리를 내준다. 자유분방하고 기개 넘치는 남종선(南宗禪)은 천하의 패권을 놓고 다투는 지방 호족들의 요구와 맞아 떨어져 고려를 만들고 국교(國敎)의 지위를 누렸지만 권력과 금권에 취하면서 타락해 유교에 자리를 내주게 됐다.

그러나 마음 닦음을 강조하는 보조국사의 등장으로 선불교는 다시 이 땅에 찬란한 꽃을 피운다. 조선왕조의 탄압 속에서도 위기에 처한 국가를 구하는 호국불교로서 다시 민족의 가슴에 자리 잡은 불교는 그러나 500년간의 기나긴 탄압을 견디지 못하고 구한말에 이르러 명맥마저 위태롭게 된다. 권력과 멀어지는 바람에 민중 속으로는 들어갔지만 우수한 인력의 단절과 살아 남아야 하는 극한의 위기는 불교의 정체성마저 포기하게 만들었다.

이때 혜성처럼 등장한 인물이 바로 경허 스님이다. 오늘날 한국 불교의 선맥은 경허 선사의 출현과 뛰어난 행화(行化)로부터 새롭게 전개되었다고 해도 과언이 아니다. 서산 천장암에서 경허 스님을 연구하며 정신을 계승하고 있는 전 수덕사 주지 옹산 스님의 평가처럼 이 땅의 불교는 경허에 의해 곳곳에 선원과 선실이 개설됨으로써 잊혀졌던 새로운 선 수행 풍토가 조성되었으며, 그로 말미암아 끊어지다시피 했던 선풍이 다시 진작될 수 있었다. 그래서 경허는 '한국 간화선의 부흥자'요 '한국근대불교의 중흥조'이다. 이능화가 『조선불교

통사』에서 열거한 16명의 선종 인사 중 절반이 경허의 제자이거나 관련 있는 인물이라는 점을 보더라도 근대불교에서 경허가 차지하는 비중을 짐작케 한다.

경허 선사는 총림을 중심으로 하는 수행 체계와 화두를 참구하는 간화선법 등 중국에서 발원해 신라-고려-조선으로 이어졌던 전통 수행체계를 회복한 중흥조이다. 경허 선사가 복원하고 일으킨 선 수행법과 불교의 핵심 정신은 오늘날 조계종을 중심으로 한국불교에 고스란히 이어져 오고 있다. 그래서 오늘날 불교를 말하기에 앞서 경허를 살피는 작업은 반드시 선행해야 할 의례와도 같다. 경허가 복원하고 제자 만공 선사가 중흥시킨 수행체계와 법은 일제에 맞서 한국 정통의 선법을 지키는 힘이 되었다. 경허 선사가 정립한 한국 정통의 수행법과 문화가 있었기 때문에 물밀 듯 밀려들어 온 일본불교로부터 우리의 정체성을 확립할 수 있었다. 물이 높은 데서 낮은 곳으로 흐르듯 문화와 정신도 고차원에서 저차원으로 이전한다. 경허·만공 등 선사들이 한국선불교 정체성을 명확하게 정립하지 않았다면 일본불교의 높은 파고에 흔적도 없이 휩쓸렸을 것이다.

일본불교에 맞서 간화선 전통과 청정 비구 승단을 고수했던 주역들은 대부분 선사이며, 이들은 경허의 직접적 영향을 받은 수좌들이었다. 반면, 친일의 길로 들어선 일제시대 원종(圓宗) 간부들이 대부분 뛰어난 학승(學僧)이라는 사실은 시사하는 바가 크다. 경허는 처음에 뛰어난 강사였으나 전염병이 창궐하는 지역을 지나다 죽음과 정면으로 마주하는 경험을 한 뒤 문자를 버리고 목숨을 건 화두 참선에 들어가 꺼져가던 선 전통을 소생시키기에 이른다. 결과적으로 경허의 적통자들인 수좌들은 끝까지 살아 남아 결국 한국불교 역사상 최초로 종단을 만들었고, 경허가 버렸던 강사들은 교단은 물론 사회적 지위, 물질적 부마저 내줘야 했다. 목숨마저 초개처럼 버리는 선(禪)의 가풍이 아니라면 그토록 기막힌 반전을 설명할 길 없다. '선은 부처님 마음이요, 교는 부처님 말씀[禪是佛心 敎是佛語]'이라는 서산 대사의 가르침처럼 선과 교가 둘이 아니지만 실제 눈앞에 펼쳐지는 양상은 비교할 수 없을 정도로 다르다.

그러면 선은 무엇인가? 성수 대종사는 "불살생(不殺生) 석 자가 선법(禪法)"이라며 "이 석 자는 '죽이지 말라'가 아니고, 부처님이 우리 중생을 위해서 '죽지 말라' 간곡히 설한 뜻"이라고 했다. 엄청난 명제다. 인간의 영원한 꿈이며 끝내 풀지 못할 영생(永生)이라는 숙제에 정면으로 도전하는 선언이다. 성수 스님의 말은 죽지 않는 길을 가는 것이 선이라는 것이다. 그런데 태어남은 곧 죽음이다. 태어나는 순간 죽음으로 향하는 시계가 움직이기 시작하는 것이다. 그래서 영원한 삶을 추구하는 선은 역설적이게도 죽음이야기로 도배한다. 죽음을 목격하고 목숨을 걸었던 경허가 그렇고, 1960년대 초반 한국의 제선 선사는 삼매(三昧)에 들면 불에 타지 않는다는 사실을 증명해 보이려

아예 산 몸으로 화장(火葬)을 시도했다.

선은 자득(自得)이기 때문에 스스로 부딪혀야 한다. 선사들은 이를 "숟가락으로 100년을 밥을 먹어도 숟가락은 그 맛을 모른다."는 비유를 들어 곧잘 설명한다. 그래서 선사들은 몸을 사용해서 공부한다. 천길 낭떠러지 위의 바위에 앉기도 하고, 송곳을 목 밑에 두기도 하고, 짚신을 머리에 이고 빙빙 도는가 하면, 몽둥이로 때리고 심지어 고양이 목을 베어버린다. 몸으로 배우는 공부다. 몸은 반복이다. 같은 행동을 끝없이 되풀이한다. 그렇게 해서 몸이 기억하게 한다. 죽음과 맞닥뜨리는, 생각할 겨를도 없는 절체절명의 순간에 살아 남기 위해서다.

이것이 선이 갖고 있는 특성이다. 궁극적이고 절대적이며 더 이상 재고할 여지도 없는, 이처럼 이론과 방법 체득과정이 모두 삶과 죽음을 논할 정도로 극한으로 점철돼 있기 때문에 선은 일제강점기 전후 50여 년과 해방 후 10여 년 온갖 고통 압박 유혹 회유에 굴하지 않고 살아 남아 최종 승자가 될 수 있었다.

이처럼 엄청난 마력을 지닌 선이 경허에 의해 배태된 것이다. 경허 선사는 독각(獨覺)에 머물지 않고 조선 전체에 전파함으로써 향후 한국불교가 다시 일어날 씨앗을 뿌린다. 견성 후 20여 년을 호서 지방에 머물며 새로 복원한 고유의 선(禪) 전통을 보여 주며 많은 제자를 양성했다. 여기에 머물지 않고, 1898년 범어사 초청을 받아 영남

한국 선불교의 산실이 되고 있는 정혜사

지방으로 가서 범어사 해인사를 중심으로 선원을 개설하고 수선사를 창건하며 납자들을 제접한다. 일제의 침략이 노골화되기 전 경허가 호서와 영남을 돌며 우리의 고유한 선법을 전파했기 때문에 그 씨앗이 발아(發芽)해 일제에 맞서는 한국 선사들이 나올 수 있었던 것이다. 그 중심에 제자 만공 스님이 있었다.

만공 스님은 1871년 전북 태인 출신으로 법명은 월면, 법호는 만공, 세수 75세 법랍 62세로 1946년 10월에 입적했다. 만공 스님은 경허 스님의 선법을 이은 제자로 수덕사를 중심으로 40여 년간 선법을 펼치며 현대 한국불교 선 체계를 확립한 대선사이다. 오늘날 고승으로 추앙받는 수많은 스님과 세계 최대 비구니 교단을 만든 비구니 스님들 대부분이 만공 스님 회상에서 공부하고 가르침을 받았다. 현재 한국불교가 만공 스님을 빼놓고는 논할 수가 없을 정도로 스님의 덕화가 크고 넓은 것이다.

만공 스님은 경허 스님을 이어 선종 정통을 확립 보급하고 일제의 한국불교 훼손에 대응해 경허 선사가 수립한 한국선불교를 지키는 데 결정적 기여를 했다. 경허 스님이 정체성을 상실한 선불교 전통을 회복하고 조선에 그 씨앗을 뿌렸다면, 만공 스님은 일제의 왜색화에 맞서 스승에 이어 다시 선불교를 지키고 융성시켰다. 일본불교의 각 종파가 경쟁적으로 한국에 진출하고 그를 따르는 조선 승려들에 의해 이 땅의 불교가 위기에 처했을 때 온몸으로 끌어안고 맞섰던

정혜사 앞마당에 조성돼 있는 석탑

주인공이 만공 스님이었다.

만공 스님은 홀로 토굴에 머물지 않고 수많은 선지식을 양성하는 한편 일제의 불교말살정책에 맞서 철저한 수행과 불교개혁운동으로 민족불교의 전통을 이었다. 그 결실이 선학원이다. 스님은 1901년 범어사 계명암에서 깨달음을 얻은 이후 덕숭산에 금선대를 짓고 정혜사를 열어 납자들을 제접했다. 덕숭산에 머물지 않고 남전·도봉·석두 스님 등 당대의 선지식들과 힘을 합쳐 한국 정통선의 부흥을 위해 서울 중앙에 대표적인 선원을 세웠으며, 이어 선우공제회를 창설하여 정통선을 발전시켜 불조의 정맥을 계승하고 교리 연구와 정법 포교를 통하여 불법을 널리 홍포하고자 했다.

또 선학원과 각 지역 선원에 재정 자립을 꾀하고 조직을 정비하기 위한 목적으로 조선불교선리참구원을 설립했다. 선원을 열고 운영에 필요한 사람과 재정을 확보한 만공 스님은 그 힘을 바탕으로 1935년 '조선불교선종'을 창종해 조선불교의 전통 종단을 세우고 대표 종정에 추대된다. 이 힘은 1941년 조선불교조계종 성립으로 이어진다. 일제강점기 말 일본 제국주의의 불교정책과 일본불교 침투로 인하여 청정 승려의 전통이 희박해지는 것을 방지하기 위하여 조계종지를 확인하는 등의 승풍을 진작시키고자 유교법회를 개최하였으며, 이러한 노력이 바탕이 되어 1946년 해인사 가야총림 창설로 이어지고, 이듬해 봉암사 결사, 그리고 1950년대 정화와 이후 조계종 창립으로

1. 경허 선사
2. 만공 선사
3. 보월 선사

이어지니 만약 만공 스님이 없었다면 조선불교는 일제강점기에 명맥 유지조차 불가능했을 것이며, 오늘날의 한국불교도 존재하지 않았을지 모른다.

만공 스님의 법은 첫 법제자인 보월성인(寶月性印, 1884-1924) 스님에게 이어졌다. 40세 젊은 나이에 입적한 탓에 뚜렷한 행장이 남아 있지 않지만, 보월 스님의 법맥이 금오태전(金烏太田, 1896-1968) 스님에게 이어져 오늘날 한국 선맥을 대표하는 덕숭 문중의 한 일파를 이루었으니 그 인연이 남다르다. 1884년 충남 서산에서 태어난 보월 스님은 만공 스님을 만나기 전에는 충남 서해안 일원인 호서 지방을 떠도는 평범한 탁발승이었다가 만공 스님의 속가 형님인 대은 스님으로부터 "출가했으면 참선 공부를 해야 한다."는 경책을 듣고 덕숭산 정혜사에 주석하던 만공 스님 회상에 들었다.

보월 스님에 이르러서는 경허-만공으로 이어지는 선불교 수행이 적어도 호서 지방에는 광범위하게 뿌리 내리고 있음을 알 수 있다. 스님의 회상에서 보월 스님은 화두 참구를 하며 보리방아 찧는 소임을 맡았다. 오조홍인 회상에 들어가 방앗간 일을 맡았던 혜능 스님을 보는 듯하다. 혜능은 육조(六祖)로 인가받았으면서도 기득권과 전통을 유지하려던 세력에 밀려 18년간을 숨어 지내야 했지만, 보월 스님은 정식으로 인가받고 법제자가 되었다. 만공 스님의 첫 번째 법제자로 입실건당한 것이다. 이때가 1913년 보월 스님 나이 29세 때였다.

보월 스님은 치열한 정진으로 만공 스님 회상에서 번뜩이는 선기(禪機)를 내보였으며 만공 스님의 주선으로 예산 보덕사 조실을 맡아 후학을 제접했다. 스님은 일하며 공부하는 선농일치(禪農一致)의 전형을 보였다. 보월 스님이 만공 스님을 만나는 과정과 공부하고 법을 인가받는 방식, 선원의 운영 등은 전형적인 선 수행 방식을 보여 준다. 이는 경허 스님이 일으킨 정통 선법이 만공 스님에 의해 계승 발전되어 그 제자들 대에 이르러 정착 단계에 들어섰음을 보여 준다. 그러나 보월 스님은 40세에 돌연 입적(入寂)했다. 만공 스님은 보월 스님의 입적 소식을 듣고 3일간 공양을 끊었다고 하니 제자를 아낀 마음이 어느 정도인지 짐작하고도 남는다.

구한말 위기에 처한 한국 정통 선맥이 경허 선사에 의해 살아나고, 다시 일제에 의해 퇴색될 위기에서 만공 선사를 중심으로 한 조선의 선지식들이 일으켜 세운 불교는 보월을 거쳐 되살아나지만, 해방 후에도 여전히 과거의 잔재에서 벗어나지 못하며 다시 한 번 선지식의 출현을 기다린다.

출가

당대 최고의 선지식 금오 선사는 1896년 7월 23일 전라남도 강진군 병영면 박동리에서 동래정씨인 부친 용보(用甫)와 어머니 조(趙)씨 사이에서 2남 3녀 중 차남으로 태어났다. 호는 금오(金烏), 휘(諱)는 태전(太田), 옛 이름은 태선(太先)이다.

선사가 태어난 병영면은 조선 효종 때 남쪽 해안국경을 경비하기 위해 세운 전라병영성(全羅兵營城)에서 유래했다. 평지에 성을 세우고 마을을 바둑판처럼 반듯하게 조성한 오늘날의 계획도시와 같다. 조선에 표류했던 네덜란드인 하멜이 구금돼 성(城)을 쌓았던 곳이 바로 이곳 병영이다.

전라병영성(全羅兵營城)은 조선 태종 17년(1417)에 설치되어 고종 32년(1895) 갑오경장까지 조선조 500여 년간 전라남도와 제주도를 포함한 53주 6진을 총괄한 육군의 총지휘부이다. 원래 전라도 장성에 있다가 왜구들의 침입에 효과적으로 대처하기 위해 해안가인 강진으로 옮겨 1894년 갑오농민전쟁(동학)을 맞아 병화로 소실될 때까지 존속했다. 병영에는 3천여 가구가 있을 정도로 당시로는 꽤 규모가 컸다.

조선 후기 담한 이한곤이 강진을 유랑하면서 병영에 대해 읊은 시 구절 중에 "거주민이 거의 3천호에 이르는데 대개가 군관과 병영의 군속들이라네." 했다. 이로 미루어볼 때 당시 병영에는 지금의 읍 규모에 해당하는 많은 인구가 거주했다. 군속들 외에 이들을 보조하는 지역민들까지 있었다. 객사 관아 창고 군사시설 등 96채 건물과 종2품 병마절도사 휘하에 5만 군사가 주둔했으니 어마어마한 규모다.

500여 년간의 군사 도시가 갑오전쟁 때 동학군들에 의해 점령당해 불탄다. 금오 선사 탄생 2년 전이다. 금오 선사의 부친은 병영에 주둔했던 군사는 아니었을 것이다. 군사였다면 동학군에 의해 성이 함락될 때 함께 다른 곳으로 이전했을 것이다. 선사가 출가할 때까지 소년기를 병영에서 보냈으니 함락 당시 군인 신분은 아님을 알 수 있다.

그러나 금오 선사 가문의 조상은 병영의 역사를 살펴볼 때 외부에서 들어온 군관일 가능성이 있다. 금오 선사의 속가는 강진에 사는 동래정씨다. 『강진군지』에 의하면 강진의 동래정씨 시초는 정석함(鄭錫函, 1692-?)으로 그는 해남에서 강진의 작천 축산으로 들어왔다. 현재 강진에 사는 정씨의 대부분은 경주정씨다.

　19세기경 외지에서 들어온 성씨여서인지 인근 사찰 외에는 금오 스님에 대한 이야기가 마을에 전해오지 않는다. 선사의 고향인 박동리와 가장 가까운 곳에 위치한 사찰 수인사의 한 보살은 "금오 큰스님이 병영 출신이라는 사실은 이곳 스님들은 잘 알지만 마을 사람들은 전혀 모르며 스님의 남은 속가 가족에 대한 기록이나 전해오는 이야기도 전혀 없다."고 말했다.

　금오 선사에 대해 출가 전의 행적은 어머니의 태몽과 어릴 적 서당공부 그리고 출가 전 백련사에서의 수행 등에 관한 이야기가 전해 온다.

　어머니 조씨는 태선을 잉태하기 전 기이한 태몽을 꾸었다. 풍채도 좋고 용모도 말쑥한 한 노인이 홀연히 나타나 품속에 간직하고 있던 그릇을 내어주면서 도중에 뚜껑을 열지 말고 반드시 집에 가서 열어보라고 했다. 조씨는 노인이 시키는 대로 치마폭으로 소중히 그릇을 감싸 안고 집에 와서 뚜껑을 열었다. 그릇 안에는 흰 학(鶴)이 한 마리 들어 있었는데, 갑자기 날아오르더니 오색이 영롱한 짐승으로 변하여 치마 속으로 엉금엉금 기어 들어왔다. 화들짝 놀라 잠에서 깨어났는데, 그 날 이후 태기가 있어 태선을 낳았다. 이상한 꿈인 지라 조씨는 아기에게 젖을 먹이고 품에 안고 있으면서도 항상 두려운 마음을 떨쳐버릴 수 없었다고 술회하고 있다.

문도회 기록에 따르면, 태선은 어릴 적부터 천성이 영민하여 서숙(書塾)에서 공부하는 학동(學童)들 중에서도 단연 뛰어났다고 한다. 성격은 고집이 세고 생각이 깊었다. 많지는 않지만 출가하기 전 일화 일부가 전해온다. 금오 스님 생전에 제자들에게 들려주었던 몇 마디가 남아서 전해오는 것이 아닌가 한다.

하루는 태선이 공부를 게을리 한다는 이유로 친형에게 매를 맞았다. 그때 태선은 이렇게 말했다고 한다.

"그까짓 글공부만 해서 뭐해, 쓸데도 없는데."

왜 이 같은 말을 했는지 알려진 바는 없지만 세상 물정을 어느 정도 인식하는 '청년기'에 접어드는 15살 나이를 감안하면 짐작하는 바가 없지 않다. 때는 1910년, 일본이 조선을 강제로 병합하던 해이다. 나라 잃은 식민지 조선 청년에게 출세를 위한 공부가 무슨 의미가 있었겠는가. 여기에다 병영이 해안가를 침입하던 왜적을 방어하기 위해 세운 군사 요새임을 감안하면 일본에 대한 적개심이 어린 학동에게까지 영향을 미쳤을 것이라는 점은 짐작하기 어렵지 않다. 속가 이야기는 일절 하지 않고, 불법(佛法) 아닌 말은 입에 올리지 않은 선사의 성품 탓에 출가 전 이야기는 이것이 전부이다.

금오 선사가 불교와 인연을 맺은 강진 백련사

1911년 초가을에 태선은 강진 백련사에서 한 스님을 만나고 불교와 처음으로 인연을 맺게 된다. 백련사는 병영면에서 50리가량 떨어진 곳에 위치해 있으며, 바다와 인접해 있고 강진에서 가장 유명한 명소 중 하나이다. 걸어서 한나절이면 도착하는 지근거리이다. 태선은 백련사에서 만난 스님에게 인생에 대한 고민을 토로했다. 백련사 스님은 태선에게 인생에 대한 화두를 던졌고, 이를 화두 삼아 밤낮으로 참구했다. 화두를 참구하던 중 의심이 크게 일어 화두를 타파하기 위해 그 스님에게 고승을 소개해 줄 것을 부탁했다.

백련사는 원묘국사가 염불수행을 한 '백련결사'로 유명한 고찰이다. 고려시대 8국사를 배출했고 조선시대는 8대 선사가 나온 유서 깊은 절이다. 17세기 말 다산 정약용과 교류했던 혜장 선사가 남긴 시문을 보면, 선사는 이곳에서 참선 수행에 매진했다. 그 전통이 100여 년이 흐른 뒤 태선에게 영향을 미쳤을 수도 있다.

태선은 백련사 스님의 소개로 금강산 마하연의 도암 선사를 찾아간다. 이때가 1911년 태선의 나이 16세 되던 해이다. 금강산 마하연은 오늘날 조계종과 뗄 수 없는 인연을 간직한 중요한 사찰이다. 고승들 대부분이 이곳을 거쳐 갔다. 효봉·성철·청담·벽안 스님 등 현대 한국불교 고승으로 이름을 올린 스님치고 이곳을 거쳐 가지 않은 스님이 없다. 태선은 이들보다 20여 년 앞서 마하연을 찾았다. 그때는 일제가 대공황의 경제난을 이기지 못하고 제국주의 야욕을 드러

1890년대 금강산 표훈사 스님

내고 조선을 본격적으로 억압할 때다.

수좌들의 권리를 어느 정도 인정해 주던 총독부는 불교계에 대해서도 친일색채를 강요해 31본산 사찰령 체제에서 특권을 누리던 권승들이 본격적으로 친일에 앞장서던 때이기도 하다. 그럴수록 참선 수행 납자들의 토굴 정진도 더 강하고 깊어졌다. 1935년 『선원(禪苑)』에는 마하연선원에 37명의 수좌들이 정진 중이라고 기록하고 있다. 이는 25개 수좌 선원 중에서 가장 많은 수를 자랑한다. 하지만 1932년도 조사에 따르면 금강산에 유점사 비로선원, 표훈사 선원, 신계사 미륵선원, 석왕사 선원은 나오지만 마하연선원은 기록이 없다. 1931년 창간호에 유점사 선원에서 70명이 정진 중인 기록이 나오는 것으로 보아 마하연 등 내금강의 토굴을 합친 것으로 보인다. 이는 1910년대는 마하연이 정식 선원으로 자리 잡지 못했음을 보여 준다.

이곳에서 행자로 3개월간 정진한 태선은 혜월 스님의 법제자인 도암긍현(道庵亘玄)으로부터 수계를 받는다. 도암 스님은 혜월 스님의 제자라는 사실 외에는 전해오는 기록이 없다. 혜월 스님은 경허 스님의 뛰어난 제자인 혜월, 월면(만공), 수월 스님을 일컫는 '3월(三月)' 중 한 명이다. 경허의 법을 받은 혜월은 천장암에 머물다 1908년 47세 되던 해에 남쪽으로 내려간다. 태선이 출가할 무렵 경허는 이미 20여 년 전 북쪽으로 가 박남주라는 처사로 은둔하던 때였다. 그 제자인 혜월이 벌써 50세에 접어든 노승이었으니 태선과 경허가 직접적으로 만날 일은 없었다.

하지만 그 명성은 귀에 못이 박히도록 들었을 것이다. 태선은 도암긍현 선사로부터 '이뭐꼬' 화두를 받고 정진한다. 그리고 마하연에서 3년을 보낸 후 20세 때 안변 석왕사 내원암으로 발길을 옮긴다. 여기서 또 3년 동안 용맹정진 결사에 들어갔다. 부처님처럼 태선도 금강산에서 머물며 6년을 고행 정진했다. 여기서 그의 지독한 고집을 읽을 수 있다. 아직 스무 살도 되지 않은 청년이 금강산에서 묻혀 6년 고행한다는 것은 결코 쉽지 않다. 더군다나 그곳은 첫 수행처였다. 아직은 금강산에 많은 수좌들이 밀려들기 전이다. '이뭐꼬'를 화두 삼아 20대를 온통 금강산에서 정진으로 보냈다는 것은 평생 스님이 보여 준 참선 정진 자세가 얼마나 철저한 자기 절제와 의지 속에서 나왔는지를 보여 준다.

덕숭의 법을 잇다

금강산에서 6년간의 긴 수행을 마친 태선은 26세 때인 1921년 드디어 금강산을 벗어난다. 그리고 오대산으로 향했다. 오대산은 수좌들의 정진처로 유명한 상원사가 있다. 일제강점기나 해방 후 정화 전까지 수좌들이 공부할 토굴은 전국에 얼마 되지 않았다. 금강산 마하연, 오대산 상원사 등이 북쪽의 수행처였다.

금강산과 오대산 중간에 위치한 고성 건봉사에는 한암 스님이 있었다. 한암 스님 역시 경허 스님의 법제자이다. 태선보다 20살이 많은 한암은 합천 해인사에서 경허 스님에게 "원선화(遠禪和)의 공부

금오 선사가 금강산에서 6년 수행을 마친 후 향한 오대산 상원사

가 개심(開心)의 경지에 올랐다."는 인가를 받고 법제자가 됐다. 묘향산 내원암, 금선대, 평북 맹산군 우두암, 금강산 장안사에서 수행하고 태선이 금강산에서 나오던 1921년 건봉사 조실로 추대됐다. 뛰어난 법력으로 인해 47세 되던 1923년 서울 봉은사 조실이 됐지만 일제의 조선불교 말살정책과 식민지 현실에 가슴 아파하며 오대산으로 발길을 돌렸다. "천고에 자취를 감춘 학이 될지언정, 춘삼월에 말 잘하는 앵무새는 되지 않겠다."는 유명한 말을 남기고 입적할 때까지 27년간 산문 밖으로 나서지 않았다.

한암 선사가 상원사로 오자 스님 문하에서 공부하려는 수좌들이 넘쳐났다. 그래서 건봉사·신흥사·유점사 등 강원 지역 3본사가 공동으로 수련원을 개설하면서 대중이 100여 명에 이르렀다. 작은 암자에 불과했던 상원암이 '한암'이라는 고승으로 인해 조선 팔도의 수행 중심도량으로 부상한 것이다. 하지만 이 역시 나중의 일이다. 이때 태선이 오대산을 찾은 것은 한암 스님 때문이 아니라 남쪽으로 간 노승인 혜월 스님을 만나기 위해서이다. 혜월 스님은 태선이 금강산에서 당신의 제자를 만나기 전인 1908년에 이미 남으로 갔다.

혜월 선사(1862-1937)는 강화도에서 조선조 말기 제25대 임금인 철종 13년 충남 예산군 덕산면 신평리에서 출생했다. 열두 살에 어머니를 따라 덕산 바로 옆인 덕숭산 정혜사(定慧寺)로 가서 친척이었던 혜안 스님을 은사로 출가했는데 은사가 환속 전 서산 천장사에 주석하던 경허(鏡虛) 스님에게 맡겨 제자가 된다.

뒤이어 만공 스님과 수월 스님이 천장암에서 출가한다. 혜월은 『수심결』을 읽다가 "목전에 뚜렷한 형상 없이 홀로 밝은 것이니라." 하는 대목에서 '형상 없이 홀로 밝은 것이 무엇인가' 하는 의심이 일었는데, 스승인 경허 선사가 한 "알겠느냐? 어느 물건이 설법하고 청법하느냐? 형상이 없되 뚜렷한 그 한 물건을 일러라."라는 법문을 듣고는 더욱 의문이 깊어만 갔다. 지게를 지거나 밥을 먹을 때나 밭에서 일할 때나 심지어 잠잘 때까지도 이 한 생각뿐이었는데 일념으로 정진하길 1주일이 되던 날, 그는 짚신 한 켤레를 다 삼아놓고 마지막으로 짚신을 틀에 넣어 두드려 모양새를 고르는 일을 치기 위해 '탁' 하고 망치로 치는 순간, 참구하던 '한 물건의 소식'이 홀연히 드러나 마침내 마음이 열렸다. 경허 선사의 점검을 거쳐 1890년 법을 전해 받는다.

요지일체법(了知一切法)

자성무소유(自性無所有)

여시해법성(如是解法性)

즉견노사나(卽見盧舍那)

의세제 도제창(依世諦 倒提唱)

무문인 청산각(無文印 靑山脚)

일관이 상도호(一關以 相塗糊)

일체 법을 요달해 알면
자성에 소유가 없음이니
이와 같은 법성을 깨쳐 알면
곧 노사나 부처를 보리라
세상법에 의지해서 그릇 제창하여
문자와 도장없는 도리에 청산을 새겼으며
고정된 진리의 상에 풀을 발라 버림이로다

47세 되던 1908년부터 혜월은 영남 지방으로 옮겨 선산 도리사, 팔공산 파계사 미타암, 통도사, 양산 천성산 미타암, 원효암, 통도사 극락암, 범어사 등지에 머무르면서 후학을 지도하였다. 혜월은 수행 정진에 몰두하는 한편, 항상 김매고 나무하며 부지런히 일하였다. 평생 동안 하루 일하지 않으면 하루 먹지 않는다는 '일일부작(一日不作) 일일불식(一日不食)' 정신을 실천하고 가는 곳마다 불모지를 개간하여 논밭을 일구어 '개간(開墾) 선사'라는 별명이 붙을 정도로 항상 손에서 괭이를 놓지 않았다.

만공(滿空)의 사찰중창 불사, 용성(龍城)의 역경(譯經)과 포교, 혜월의 불모지 개간 사업을 높이 받들어 이들 세 고승을 당대의 3대

걸승(傑僧)이라고 일컬었다. 파계사 미타암에 있을 때는 함께 살던 열살 남짓한 동자승을 '큰스님'이라 부르고 아침저녁으로 문안까지 올리며 자연 그대로 세상의 때가 묻지 않은 천진불(天眞佛)로 존대하였다는 일화가 전한다. 까치와 까마귀 등 산새들이 날아와 혜월의 몸에 앉기도 했다고 하며, 예산 정혜사에 있을 때는 공양간 쌀을 훔쳐 가는 도둑이 지게를 이기지 못해 기우뚱거리자 지게를 밀며 다음에도 먹을 것이 떨어지면 오라며 보냈다는 일화가 전해 오는 등 천진 무소유 자비행으로 유명하다.

52세 되던 1913년 7월 스승인 경허 선사가 지난해 봄 갑산 도하동에서 입적했다는 소식을 수월(水月)로부터 듣고, 덕숭산에 있던 만공(滿空)과 함께 스승의 자취를 찾아 갑산까지 가서 스승의 시신을 다비하고, 경허가 남긴 임종게 등의 유품을 가지고 돌아왔다. 1921년 태선이 영남으로 왔을 때 혜월 스님은 60세로 부산 백양산 선암사 주지를 맡고 있었다.

통도사 보광전에서 잠시 가부좌를 튼 태선은 곧바로 혜월 스님이 회주로 있던 천성산의 미타암 선원으로 간다. 그러나 혜월 스님 회상에서 오래 머물지는 않았다. 금강산에서 6년을 지냈는데 어렵게 남쪽까지 내려와서는 통도사 보광전을 들른 것 말고는 잠시 머물다 떠났다. 태선은 왜 혜월을 만나려 했을까? 아마 그의 공부를 점검하고 싶었을지 모른다. 혜월 스님 회상에서 다시 공부를 시작한 것이

● 금오 선사가 잠시 수행했던 통도사 보광전

아니라면 그 먼 길을 내려온 까닭은 하나밖에 없을 것이다. 그의 공부가 제대로 된 것인지 어느 정도인지를 점검 받고 싶었던 것일 가능성이 높다.

혜월의 맥은 수제자로 전법한 운봉성수(雲峰性粹, 1889-1941)를 비롯하여, 운암봉우(雲岩奉祐), 추산성규(秋山成奎), 운경경훈(雲耕敬訓), 금우지호(金牛智浩), 보해병선(寶海柄善), 탄월채성(呑月彩成), 도암긍현(道庵亘玄), 석호봉하(昔湖奉何), 만화(萬化), 철우대주(鐵牛大柱), 원경상호(圓鏡相浩) 등 모두 21명이다. 그 중에서 법제자인 운봉에게 전법을 한 사실을 비춰볼 때 태선의 공부는 스승인 도암긍현을 넘어섰을 것이다.

혜월 스님을 만난 태선(太先)은 경허라는 거대한 산맥이 발원한 충청도 덕숭산으로 발길을 옮겼다. 그때가 1923년 태선의 나이 28세, 금강산에서 출가한 지 8년이 지난 때였다. 고향의 사찰에서 스님을 만나 불교를 접하고, 그 인연으로 두 번에 걸친 3년간의 용맹정진을 하고, 노승인 혜월을 만난 태선은 그의 불법과 수행의 원천인 덕숭산으로 간다. 덕숭산으로 간 이유는 만공 선사 회상에서 공부하려는 의지가 작용했을 것이다.

만공(滿空, 1871-1946)이 누구인가? 경허의 법을 이은 덕숭산의 주인이다. 전라북도 정읍 출신인 만공 선사는 1883년 김제 금산사에서 불상을 처음 보고 크게 감동한 것이 계기가 되어 출가를 결심하고, 공주 동학사(東鶴寺)로 출가하여 진암(眞巖) 문하에서 행자생활을 했는데, 1884년 경허(鏡虛) 스님의 속가 친형인 태허 스님을 은사로, 경허 스님을 계사로 천장사에서 득도했다. "모든 법이 하나로 돌아가니 하나는 어디로 돌아가는가[萬法歸一 一歸何處]."라는 화두(話頭)를 지니고 정진, 1895년 아산 봉곡사(鳳谷寺)에서 새벽에 범종을 치면서 "법계의 본성을 관찰하여야 한다. 모든 것은 오직 마음이 만드는 것이다[應觀法界性 一切唯心造]."라는 게송(偈頌)을 읊다가 홀연 깨달았다.

그 뒤 공주 마곡사(麻谷寺) 토굴에서 보경(普鏡) 스님과 함께 계속 수도했는데 경허의 "아직 진면목(眞面目)에 깊이 들어가지 못하였으니 조주(趙州)의 무자(無字) 화두를 가지고 다시 참선을 하도록 하라."는 가르침을 받고 정진해 1901년 경허 선사와 헤어져 양산 통도사의 백운암(白雲庵)에 들러 며칠 머무는 동안, 새벽에 "원컨대 이 종소리가 법계에 두루 퍼져 칠벽의 어둠이 모두 밝게 하소서[願此鐘聲 遍法界 鐵圍幽暗悉皆明]."라는 게송을 읊으며 범종을 치는 소리를 듣고 크게 깨달았다.

1904년 함경북도 갑산으로 가던 길에 천장사에 들른 경허 선사로부터 전법게를 받았다. 1905년 예산 덕숭산에 금선대(金仙臺)를 짓고, 보임(保任)하며 찾아오는 선객들을 제접(提接)했으며, 1905년부터 1908년까지 3년 동안 금강산 마하연(摩訶衍)에서 선(禪) 지도, 1931년 금강산 유점사 조실, 1933년 마곡사 주지를 맡은 것을 제외하고는 대부분의 생애를 덕숭산에서 머물렀다. 이곳에서 선을 지도하며 선불교를 크게 중흥시켜 현대 한국불교계에 하나의 큰 법맥을 형성하였다.

만공은 스러져가던 한국불교를 일으킨 스승을 이어 선풍을 진작하고 틀을 다졌으니 오늘날까지 덕숭산을 선의 본산으로 모두 우러르는 것이 이 때문이다. "내 수산월면(叟山月面)에게 글자 없는 도장을 주고 만공(滿空)이라는 법호(法號)를 내리고 불조(佛祖)의 혜명(慧命)을 이어가도록 부촉(咐囑)하노니 부디 잊지 않도록 하라."는 전법게를 내린 스승의 뜻을 어긋남 없이 실행한 것이다. 선의 산맥을 뿌리내린 만공의 문하에 스승 못지않은 기라성 같은 선객들이 수없이 나왔으니 보월(寶月), 전강(田岡), 용음(龍吟), 고봉(古峰), 금봉, 금오(金烏), 벽초, 춘성(春城), 서경(西耕), 혜암(惠庵), 원담 등 모두 한 산중의 주인이 될 선기를 갖추었다. 그 중 만공이 처음으로 전법게를 전한 제자가 바로 보월이다. 만공은 자신을 찾아온 태선을 가장 아끼는 수제자 보월이 있는 보덕사로 보낸다.

사제의 인연을 맺다

충남 서산군 운산면에서 태어나 결혼해서 두 아들까지 두었다는 보월은 처음에는 이 마을 저 마을을 유리걸식(流離乞食)하는 탁발승이었다. 동냥중들과 몰려다니던 그가 어느 날 홍성 월산암에서 하룻밤 잠을 자게 됐는데 월산암에는 만공의 속가 형인 대은 스님이 주지로 있었다. 대은은 보월에게 "일단 중이 되었으면 견성을 해야 하고, 견성을 하려면 참선을 해야 한다."며 만공 선사를 찾아가라고 충고했다.

그 즉시 덕숭산 정혜사로 찾아간 그는 힘이 장사였던 까닭에 디

딜방아를 찧어 참선하는 수좌들의 뒷바라지를 하며 참선을 시작했다. 걸인 보월은 하루가 다르게 수좌로 변모해갔다. 어느 날 보월이 눈앞이 툭 트인 듯하자 게송을 지어 만공에게 갔다. 게송을 적은 종이쪽지를 한 손으로 받은 만공은 글을 읽지도 않은 채 다른 한 손을 내밀었다.

"아니, 게송을 드렸지 않습니까?"

"이것 말고!"

보월은 어안이 벙벙했다. 무엇을 내놓으란 말인가? 보월은 만공에게 방망이로 흠씬 두들겨 맞은 채 방에서 쫓겨나고 말았다. 글자 속에 갇힌 관념이 아니라 '글 밖 자기만의 소식'을 들려달라는 스승의 요구에 응대조차 못하고 속절없이 물러난 그는 다시 맹렬하게 자신을 다그쳤다. 그리고 몇 년 뒤 보월의 공부 깊이를 알 수 있는 일이 일어난다. 『만공어록』 '밥값을 받다'라는 글에 나오는 유명한 일화다.

부산 선암사 혜월 선사 아래에서 참선하던 운암(雲岩) 스님이 만공 스님에게 편지를 보내왔다. "과거, 현재, 미래의 마음을 가지고 도저히 알 수 없다[三世心都不可得]고 하는 도리를 분명히 지시하여 주소서." 하였다. 만공 스님이 이 편지를 받고 "위음왕불(威音王佛) 이전에 이미 설해 마쳤느니라." 하고 답서를 쓰고, 제자였던 보월(寶月) 스님을 불러 편지를 보이며 "자네가 여기에 대해 한마디 일러 보게."라고 하였다.

보월 스님이 편지를 받아들고 말하기를 "스님 죄송합니다만, 누구 눈을 멀게 하시려고 이런 짓을 하십니까?" 하고 붓을 들어 다음과 같이 답서를 썼다. "덕숭산 만공 스님 회상을 등지고 영남으로 향하는 것은 마음에 남은 의심을 끊지 못함이니, 지금에도 남은 의심을 끊지 못하였구나. 차후에 다시 남은 의심을 끊어 이런 짓을 하지 말아라." 하고 만공 스님의 편지를 불태웠다. 이를 지켜본 만공 스님은 통쾌하게 웃으며 "보월 자네한테 오늘에야 밥값을 받았네." 하였다.

위의 일화에서 보듯 보월은 만공 선사가 인정하는 선사였다. 그의 경지를 이 한 편의 일화에서 충분히 엿볼 수 있다. 어떻게 보면 제자가 스승을 가르쳤다고도 볼 수 있지만 스승은 오히려 기뻐한다. 만공의 호쾌하고 담대한 선객의 참 면모를 볼 수 있다. 가히 덕숭의 적손다운 스승과 제자가 아닐 수 없다. 그리하여 만공은 30대에 불과했던 보월에게 보덕사 조실 자리를 물려주었다.

〈정혜사 선원 방함록〉에 따르면 보월은 만공 스님을 조실로 모시고 1910년 1회부터 10회까지 안거에 참여했으며, 1913년 만공 스님으로부터 인가를 받은 후부터는 입승으로 수좌들을 이끌었다. 만공이 자신을 찾아 덕숭산에 깃든 태선을 보월에게 보낸 연유가 바로

금오 선사가 은사 보월 선사를 모시고 공부하고 만공 선사로부터 법을 전해 받은 보덕사

여기에 있다.

보월 선사를 친견한 태선은 그의 견처를 털어놓았다.

투철시방계(透徹十方界)　　무무무역무(無無無亦無)
개개지차이(個個只此爾)　　멱본역무무(覓本亦無無)

시방세계를 투철하고 나서
없고 없다는 것 또한 없구나
낱낱이 모두 그러하기에
아무리 뿌리를 찾아봐도 없고 없을 뿐이다.

게송을 들은 보월 선사는 미소를 지어보였다. 태선의 송구를 점검한 보월 선사는 인가를 내렸다. 이로써 보월 선사의 사법(嗣法) 제자가 된 태선은 보월 선사의 회상에서 2년여 간 용맹정진했다.
어느 날 태선은 보월 선사에게 이렇게 질문했다.
"어떤 것이 무(無)입니까?"
보월 선사는 가만히 태선의 귀를 당겨 이렇게 말했다.
"무(無)라는 것은 그냥 무(無)이니라."
태선은 보월 선사에게 다시 물었다.
"『금강경』의 무는 무엇을 말하는 무입니까?"

"그곳에 있는 무는 무가 아니다. 다만 『금강경』을 통해서 화두를 타파하는 법을 깨쳐야 한다."

"화두를 타파하는 법이란 무엇을 말하는 것입니까?"

"예전 만공 스님도 『금강경』을 독송하였다. 『금강경』 안에는 존재의 사물이 있으며 『금강경』만이 화두를 타파하게 해 준다. 그러므로 『금강경』을 독송해야 한다."

태선은 자리에서 일어나 선사에게 삼배를 올리고 이렇게 물었다.

"『금강경』을 지극히 독송하면 성불의 길이 열립니까?"

그 후 태선은 1년을 더 보덕사에서 보냈다. 그동안 보월 선사는 태선에게 무(無)에 대해 많은 법을 전했다.

"내가 태선에게 전한다. 그러니 이 말을 명심하여 한 치의 어긋남이 없이 행하여 훗날에 중생을 제도하는 일에 그 소임을 다해야 한다. 이 세상에는 선지식이 많다하나 실은 선지식이라는 말을 들을 만한 선지식이 없다. 그러므로 선지식이 되려면 지혜를 닦아 맑은 바다 속을 들여다 볼 수 있어야 한다. 그 지혜와 혜안을 얻기 위해서는 피나는 정진을 해야 한다. 그래야만 선지식이 될 수 있다. 만약 정진을 게을리 하면 입으로는 도를 말하나 마치 도가 무엇인지 모르는 것과 같다."

태선은 보월 선사 회상에서 더욱 정진했다. 그런데 보월 선사가 갑자기 열반에 들었다. 1924년 음력 12월 12일 태선이 선사의 회상

● 수덕사 대웅전

● 경허-만공-보월-금오 선사로
흐르는 법맥을 간직하고 있는 수덕사 전경

에 든 지 2년도 안 되는 짧은 시간이었다. 미처 건당(建幢)도 하지 못했다. 만공 선사는 처음으로 전법한 제자의 갑작스런 소식에 3일간이나 공양을 들지 않을 정도로 애통해했다.

보월 선사로부터 인가를 받은 태선은 스승이 떠난 덕숭산을 떠나 오대산 상원사로 갔다. 그러나 곧바로 만공 노사의 부름을 받는다. 제자는 갑작스럽게 세연(世緣)이 다해 떠났지만 그 법을 이을 재목은 남겨 두었으니, 노사(老師)는 종문(宗門)을 계승할 채비를 하고자 했던 것이다. 만공 선사는 보월의 법을 이을 재목으로 태선과 동산을 삼아 전법게를 주었다. 이는 매우 드문 일로 만공 스님이 보월 스님을 얼마나 각별하게 여겼는지를 알 수 있다. 1925년 2월 15일 만공 스님이 보월 스님을 대신하여 태선에게 전법게를 내렸다.

　　　　덕숭산맥하(德崇山脈下)　　금부무문인(今付無文印)
　　　　보월하계수(寶月下桂樹)　　금오철천비(金烏徹天飛)

덕숭 산맥 아래
무늬 없는 인(印)을 지금 전하노라
보월은 계수나무에서 내리고
금오는 하늘 끝까지 날으네.

금오로 다시 태어나

이로부터 태선은 '금오'라는 법명으로 다시 태어났다. 이 전법게로 인해 금오 선사는 경허-만공-보월로 이어지는 한국 근대 정통 선맥을 잇게 됐다.

경허는 조선 중기 이후 희미해진 간화선법을 일으킨 중흥조이다. 1879년 경허가 깨치고 난 후 "사방을 둘러보아도 사람이 없으니 의발을 누구에게 전해 받으리, 의발을 누구에게 전해 받으리, 사방을 둘러보아도 사람이 없네."라고 할 만큼 경허 이전 조선 선맥은 사라진 것과 다름없었다. 경허가 있었기에 일제강점기 수좌가 양성되고 그 맥이 일제의 대처 정책 속에서도 사라지지 않고 번창해 해방 후 정화를 세우는 씨앗이 되었다.

태선이 마하연으로 갔을 때는 경허가 뿌린 씨앗이 한창 발아(發芽)할 때였다. 경허는 54세 때인 1899년부터 1903년까지 범어사와 해인사를 중심으로 선실(禪室)을 설치하고, 수선사를 창립했다. 한암은 경허 스님 행장에서 "이로부터 선원을 사방에서 다투어 개설하고 발심한 납자 또한 감화를 입어 구름일 듯하니, 계시는 동안 부처님 광명을 빛내고 사람의 안목을 열어주심이 이와 같이 융성한 때가 없었다."고 했다. 경허가 뿌린 씨앗이 만공을 비롯한 혜월·수월·한암·성월·적음 등의 노력으로 꽃을 피우는데 그 중간에 금오 선사가 자리하고 있는 것이다.

비록 경허를 친견하지는 못했지만 선사가 일으킨 한국 정통 간화선법을 그의 직계제자들로부터 그대로 이어받은 금오 선사는 이제 만공 스님 회상에서 더 가열찬 정진을 한다. 그 기간이 무려 10년이었다. 1925년 겨울 만공 선사로부터 법을 전해 받고 10여 년간 만공 스님 회상에서 정진하며 오대산의 한암 선사, 백용성 선사, 수월 선사 등 제방의 선지식을 참방하며 공부를 점검하는 한편 보임의 과정을 거친다.

예부터 선사들은 깨달음 이후 곧바로 대중에게 나아가지 않고 선지식 밑에서 다시 한 번 정진하며 단 한 치의 의심까지 없애는 더 치열한 과정을 거친다. 10~20년 선지식 곁을 떠나지 않든지, 한적한 곳에 숨어 지내다가 법 쓰는 법을 통달한 연후에야 비로소 저잣거리로 들어갔던 것이다. 이를 보임(保任)이라고 한다.

남악회양(南岳懷讓, 677-744)은 조계로 육조혜능(六祖慧能)을 찾아갔을 때 "어떤 물건이 이렇게 왔는가?" 하는 물음에 꽉 막혔다가, 8년이 지난 후에 "설사 한 물건이라고 해도 옳지 않습니다." 하고 대답하여 육조의 인가를 받아 수많은 제자들을 물리치고 육조의 법을 이었다. 전생부터 수많은 세월 동안 닦으며 선근종자를 심어야 현생에 도인으로 태어난다는 남악회양 선사도 법을 인가받고도 15년을 스승을 깍듯이 모셨다. 마조도일(馬祖道一, 709-788) 스님은 남악 스님에게서 심인(心印)을 전해 받은 후 10년을 시봉하며 보임하였고, 이후 복건성 불적령에서 교화를 펴기 시작했다.

스승을 의지해서 10년, 20년씩 같이 살기도 하고 혹은 자주 찾아뵙기도 하면서, 그 인연 속에서 스승의 법 쓰는 법을 몸소 익힌 연후에 세상에 나와서 중생 교화를 하였던 것이다. 그래서 지금도 선사들은 "선지식의 지남에 힘입어 안목을 열고 난 뒤에도 곁에서 떠나지 않고 정진하면서, '법 쓰는 법'이나 보현행을 원만히 익혀 안팎으로 청정하고 원융무애해진 다음에야 종승(宗乘)을 이어받을 만한 그릇이라 할 수 있다."라고 하는 것이다.

한 도인(道人)이 세상에 출현하기 위해서는 이처럼 숙업(宿業)에 걸친 선근(善根)과 목숨까지 내건 치열한 정진, 선지식의 지도와 인가, 오랜 세월에 걸친 점검 과정에 이르기까지 험난한 과정을 거치는데 금오 스님이 정확하게 옛 도인들과 한 치 다름없는 길을 걸었다. 한국 근현대 기라성 같은 고승들을 살펴보아도 금오 선사처럼 교과서적인 정통 과정을 모두 감내하고 거쳐간 인물은 흔하지 않다. 특히 도를 깨치고 나서 다시 제방의 선지식을 찾아 10년가량 모시고 보임한 선사는 거의 찾기 힘들다.

금오 선사는 만공 스님이 주석하는 정혜사 선원을 찾아 가르침을 받았다. 법을 인가받고도 1926년부터 1940년까지 8차례에 걸쳐 만공 선사를 모시고 안거를 났다. 월정사에서도 한암 선사를 모시고 정진했다. 27세 되던 해인 1922년 오대산에서 처음 공부했던 금오 선사는 만공 선사로부터 법을 인가받은 뒤에는 월정사에서 유나 선덕 입승 등을 맡아 정진하는 한편, 수좌들을 지도하는 소임을 맡았다. 그런 한편으로 월정사 강원에서 초·중등 과정을 마쳤다.

백용성 스님도 3년간 모시면서 정진했다. 경허 직계 제자뿐 아니라 당대 선지식은 모두 찾아 참방하고 가르침을 전수받은 것이다. 금오 선사가 백용성 선사를 모시고 공부한 시기는 1927년에서 1929년 사이로 보인다. 백용성 스님을 모신 과정에 대해 연구한 김광식 박사에 따르면 1927년부터 1929년까지 2년 동안 백용성 스님을 시봉하고 수학하면서 그 정신을 체득하였다. 이에 관한 내용은 생전에 은사스님으로부터 전해들은 제자들의 증언에서도 잘 나타난다. 이두 스님은 "용성 스님은 독립운동 33인 대표로서 독립운동 서명서에 날인했다는 이유로 2년간 옥고를 치른 독립운동가였다. 금오 스님은 이런 용성 스님을 3년간 시봉했는데 금오 스님은 그를 존경했고 흠모했다고 내게 말한 적이 있다."라고 증언했다.

월주 스님도 같은 증언을 했다.

"월정사에서 방한암 스님을 모시고 살면서 선학과 대승법문에 대한 강의를 들었으며 용성 스님의 선법문과 화엄산림 강의를 듣기도 하셨다. 우리 스님은 당대 선지식들로부터 『금강경』, 『화엄경』 '전등어록' 등 선리에 관계되는 강의를 수없이 들으며 대승경전과 교리에 대한 안목을 가졌으며, 투철한 실참수행으로 혜안을 얻었다."

이처럼 여러 선지식들을 참방하는 한편 심산유곡을 찾아 선정에 들고 비산비야에서 움막을 치고 용맹정진했으며, 31세 때부터는 선재동자와 같은 구도의 법을 몸소 체험하고자 만행(萬行)을 택했다. 스님의 운수행각은 끝없는 역정이었다. 한곳에 머물며 여생을 마치고자 하였으나 운수행각이 생각나면 언제나 지체 없이 훌쩍 떠나는 무애행이었다. 산천과 넓은 대지, 촌락의 좁은 구석까지도 스님의 발길이 머물지 않은 곳이 없었다. 그야말로 광활한 천지가 그대로 스님의 수행처요 전법도량이었기 때문에 특별한 인연처가 따로 없었다.

● 금오 선사 운수행각 시절

그리고 스님의 행각 바랑 속에는 가사와 발우를 비롯하여 법의(法衣) 한 벌과 천막이 들어 있었다. 온갖 곳을 다니다가 날이 저물든지 교화의 연이 다다르면 천막을 치고 며칠이든 묵으며 발우를 들고 걸식을 하며 정진했다. 특히 서산 안면도 백사장에서 몇 명의 납자를 데리고 한동안 걸식 고행을 한 것이나, 지리산 반야봉에서 3일씩 지내며 옛 선사들이 기거했던 묘향대를 찾아 헤맨 것은 스님의 운수행각 중 유명한 일화이다.

스님의 만행 중에서도 가장 유명한 것이 걸인 생활이다. 스님은 거지 소굴을 찾아 걸인 생활을 자처했다. 거지가 되는 것도 절차를 밟아야 했다. 첫째, 밥은 어떤 밥이든 트집을 잡지 않는다. 둘째, 옷은 해어져 살갗이 나와도 탓하지 않는다. 셋째, 잠은 장소를 가리지 않고 어디서든지 잔다. 거지들이 준수하는 3개 항목을 이행할 것을 약속하고 거지패에 가담한 스님은 이들과 어울려 7일 동안 같은 행동과 생활을 하며 하심을 통한 보임을 했다. 보잘 것 없는 움막 속에서 신분을 감추고 약 2년간 거지 행세를 하며 고행과 걸식으로 수도에 전력하였다. 그러나 나중에 신분이 드러나 '움중' '움막중'이라는 별명을 들으며 도인으로 숭앙 받았다.

수월 선사와의 만남

만행 정진의 최고 절정은 만주의 수월 스님과 인연이다. 이미 높은 경지에 이른 스님이었지만, 조금도 정진의 도를 늦추지 않고 만행을 닦으며 일여하게 선정을 익혀가던 스님은 40세가 가까워 올 무렵 수월 선사를 친견하기 위해 만주로 떠났다. 수월 선사(水月, 1855-1928)는 경허(鏡虛)의 맏이다. 삼월 중 맏형인 셈이다. 출가는 가장 늦었지만 나이가 많아 맏형이 되었다. 혜월보다 8살, 만공보다는 17살이 많았으며, 스승인 경허와도 7살밖에 차이 나지 않았다. 자신을 거의 나타내지 않은 은둔도인이었으며 자비행을 실천하며 바람처럼 구름처럼 살다 떠났다.

충남 홍성군 신곡리에서 태어난 수월은 29살에 홍성 연암산 천장암(天藏庵)을 찾아 출가해 성원 스님의 제자가 되었다가 경허의 친형인 태허가 그의 법기(法器)를 알아보고 동생 경허를 법사로 정해주어 용맹정진해, 식음을 끊고 『천수경』을 암송한 끝에 깨달음을 얻었다. 머물던 방에서 방광(放光)이 일어 절 아래 사람들이 산불이 난 줄 알고 뛰어 올라왔다고 한다. 이때부터 수월은 한 번 보거나 들은 것은 결코 잊지 않는 불망념지(不忘念智)를 얻었고 그 후 수마를 이길 수 있었다고 한다.

수월은 깨달음을 얻고 틈틈이 스승 경허로부터 짚신 삼는 기술을 배워 북간도에서 머물 때 수많은 동포들에게 짚신을 삼아주었다. 평생 울력과 묵언, 하심의 수행에 철저했으며 간혹 큰 절에서 조실로 모셔갔으나 오래 머물지 않았다.

수월 선사는 1889년 35세에 6년 만에 천장암을 하산하여 금강산 유점사로 정진 도량을 옮겨서도 자신이 누구인지 밝히지 않고 장작을 패고, 잡초를 뽑는 부목의 역할을 벗어나 본 적이 없었다. 유점사 마하연에서 조실로 있을 때 이런 일화가 전해온다.

스님은 낮에는 나무를 하고 밤에는 수행에 정진했는데 절에서 가꾸는 채소밭이 멧돼지로 인해 피해가 심했다. 그런데 수월 스님이 채소밭을 가꾸고 돌보자 멧돼지와 벌레들의 피해가 사라졌다고 한다. 어느 날 공양주가 무가 너무 잘 자라 먹음직스럽자 몰래 무를 하나 뽑아 먹다 턱이 빠지고 말았다. 그날 밤 공양주 꿈에 산신이 나타나 꾸짖는 게 아닌가.

"그 무를 누가 가꾸는데 감히 함부로 손을 대다니."

공양주는 이튿날 새벽 수월 스님을 찾아가 용서를 빌었다. 수월 스님이 그 말을 듣고 산신각으로 올라가 말했다.

"뭐 그깐 일로 그래. 좀 봐 주게나."

그러자 공양주의 빠진 턱이 금세 나왔다는 것이다.

수월 선사는 금강산을 나와 1891년 37세 무렵에 스승 경허 선사를 따라 천장암, 개심사, 서산 부석사 등을 다니면서 수행하다가 1892년 38세에 금강산 마하연 조실로 납자들을 지도했다. 그러나 낮에는 산에 들어가 나무만 하고 밤에는 정진만 할 뿐 법문도 하지 않고 지내다가 훌쩍 조실자리를 버리고 남쪽으로 내려갔다. 이번에는 지리산 천은사로 들어갔다. 1896년 42세 때의 일이다.

천은사에서도 역시 자신을 감추고 낮에는 종일토록 산에 들어가 땔나무를 할 뿐이었는데, 하루는 밤새 삼매에 든 스님의 몸에서 빛줄기가 나와 대중과 아랫마을 사람들이 스님의 본래 모습을 알게 되었다. 그리하여 대중들은 수월 스님을 상선암 조실로 모셨다. 당시 상선암 입승이 백용성 스님이었다. 스님은 상선암에서 여름 결제를 끝내고 '소가 몸을 바꾼 자리'라는 뜻의 우번대로 자리를 옮겼다. 우번대에서 스님은 혼자 생식을 하며 가을을 보냈다. 이곳에서는 나무할 일도 농사지을 일도 없어서 밤낮 없는 용맹정진을 하던 겨울 어느 날 밤 또다시 우번대 둘레를 온통 휩싸 안고 밝게 타오르는 빛 덩어리를 아랫마을 사람들이 보게 되었다. 바로 세 번째의 방광이었다.

　스님은 그 후 지리산을 떠나게 되었다. 우번대에서 자취를 감춘 스님의 이후 행방은 묘연하다. 다만 충남 청양군 칠갑산 장곡사 앞산에 수월과 만공의 보임터로 전해 내려오는 토굴자리가 있는데, 1897년부터 1901년 사이로 여겨지는 기간에 생식만 하며 보임한 흔적이 남아 있어 이곳에서 보내지 않았을까 추측한다. 1907년 스님은 홀연 오대산 상원사에 나타나 나무꾼, 밭일하는 일꾼, 불 지피는 못 생긴 중으로 살며 보임행을 하고 이를 끝으로 스무 해에 걸친 보임 수행을 마감하고 1907년 53세에 묘향산 정상인 비로봉 밑에 있는 중비로암에서 3년간 머문다.

　스승 경허가 홀연히 사라졌다는 소식을 듣고 1910년 갑산의 산골 마을로 걸어가 웅이면 도하리에 있는 마을 서당에서 그토록 그리워하던 스승 경허를 만난다. 이후 두만강 아래 혜아산 월명사에서 잠시 머물다 1912년 58세에 만주 지방으로 건너가 백두산 밑 회막동 농가에서 수행의 고삐를 늦추지 않고 1914년 60세까지 3년간 정진하고 소를 기르며 살았다. 이때 스님은 승복을 벗어 던지고 마을 사람 모습을 하고 소먹이 일꾼 노릇을 했다.

1915년 61세에 스님이 회막동을 떠나 만주와 러시아의 동쪽 국경지대에 있는 흑룡강성의 동녕현 동삼차구에 있는 수분하라는 작은 도시로 들어가 관음사 등지에서 6년간 사는 동안 기이한 일들이 많이 생겼다. 예를 들어 스님이 손을 내밀면 날아가던 까치도 앞을 다투어 내려앉았고, 스님이 산에 들어가면 꿩, 노루, 토끼들이 떼를 지어 몰려들었으며, 호랑이, 사나웠던 만주 개들도 모두들 스님을 반기고 좋아함을 보고 아랫마을 사람들이 '저 수월 노장은 과연 기이한 분이구나' 하고 감탄했다고 한다.

이후 스님은 1921년 67세 무렵 수분하에서 280리쯤 떨어진 왕청현 나자구 송림산에 화엄사를 짓고, 열반에 들기 전 8년 동안 주석하며 때로는 법문을 하고 때로는 기행으로 숱한 일화를 남겼다. 화엄사에서 스님은 늘 말없이 누더기를 입고 일하며 자주 탁발하고 생식을 하며 잠을 자지 않고 호랑이를 데리고 다녔다고 지금도 그들의 할아버지 아버지로부터 들은 전설 같은 이야기가 주민들 입을 통해 전해오고 있다.

1928년, 수월 선사는 74세의 나이로 입적한다. 입적에 관한 기록은 전해진 것이 없고, 열반송조차 전해 내려오는 것이 없다. 다만 다음과 같은 이야기가 전해 내려온다.

스님은 늘 그렇듯 여름 결제 내내 산에 올라가 나무를 했다. 해

금오 선사는 만주로 만행을 하면서 수월 선사를 만나 가르침을 받았다.
수월 선사가 창건했다고 전하는 화엄정사의 최근 복원 모습

제 다음날 점심 공양을 끝내고 대중들과 함께 차 한 잔을 마신 뒤 대중들에게 "나, 개울에 가서 몸좀 씻을 텨." 하고는 화엄사 왼쪽으로 흐르는 개울가에서 목욕을 마치고 실오라기 하나 걸치지 않은 맨몸으로 정좌하고 앉았다. 머리 위에는 잘 접어서 갠 바지저고리와 새로 삼은 짚신 한 켤레를 가지런히 놓았다. 그 자세로 열반에 들었다. 세수 74세, 법랍 45세. 스님을 다비하고 다음날 마을 주민들이 현장을 살피기 위해 올라갔더니 남쪽으로 간 발자국이 선명하게 남아 있었다고 한다.

경허 선사의 맏제자 수월 선사는 단 한 자의 법문도 기록으로 남기지 않고 제자도 두지 않았다고 알려졌는데, 유일한 법제자가 있었다. 평생 묵언수행을 하던 묵언스님이었다. 그 스님의 제자가 조계종 원로의원을 지내고 수월 스님처럼 금산 진산 대둔산 태고사에서 평생 일하며 참선했던 도천 스님이다. 도천 스님의 상좌인 조계종 원로의원 명선 스님(여수 흥국사)이 수월 스님의 행적을 찾아 녹취를 하고 자료를 모아 이를 토대로 김진태 전 검찰총장이 책으로 펴냈으니 바로 『물속을 걸어가는 달』이다.

중국 정부는 다른 외국 사찰 건립은 모두 불허하면서 수월 스님을 모시는 유업을 계승한다는 취지로 화엄사를 복원할 때는 특별히 허가했다. 이는 수월 스님이 중국인민들에게 수많은 은혜를 베풀고 도와 지금까지 칭송이 자자하기 때문이다. 그리하여 조계종단에서 힘을 보태 화엄사를 건립해 오늘까지 스님의 가르침이 한국과 중국 불자들에게 이어지고 있다.

당시 조선에서 으뜸가는 선지식인 수월 스님을 만나려고 금강산이나 서울에서 온 스님들이 거의 날마다 줄을 이었다고 한다. 금오 스님이 대표적이다. 수월 스님과의 만남은 금오 스님에게도 특별했던지 다른 스님들보다 많은 일화가 전해온다. 함주 스님은 수월 스님이 천수주력을 하여 불망념지(不忘念智)를 터득했는데 금오 스님 역시 이를 배워 한 번 들으면 잊지 않았다고 한다.

수월 선사가 만주 봉천 토굴에 머물고 있을 때였다. 금오 스님이 천신만고 끝에 압록강을 건너 만주 땅에 발을 들여놓았는데 변방을 경비하던 순시병에게 적발됐다. 증명서를 보여 달라는 경비병에게 스님은 안거증을 보여 주었다. 생전 처음 안거증을 본 경비병이 무슨 증명이냐고 묻자 스님은 국가에서 인정하는 일급 출국증이라고 태연하게 말했다. 경비병은 두말없이 스님을 보내주었다는 일화가 전해온다.

가장 극적인 사건은, 살인 누명을 쓰고 감옥에 갇혀 죽기 직전 기도의 힘으로 빠져나온 일이다. 조선 땅과 만주 땅과 러시아 땅이 합해지는 회령 지방을 지나 막 러시아 땅에 발을 들여놓았을 때, 마적 떼들이 어느 부잣집을 털다가 반항하는 주인을 죽인 강도 살인사건이 발생했다. 갑자기 남편을 잃은 부잣집 안주인은 제정신이 아니었고, 범인 검거에 혈안이 되어 있던 러시아 경찰들은 불심검문을 하다가 장비처럼 생긴 금오 스님을 체포하여 그 부인에게 보였다.

"이 사람이 그 마적 떼요?"

"그런 것 같아요. 마적 떼 대장과 비슷하게 생겼어요."

정신이 반쯤 나간 그 부인의 말 한마디에 금오 스님은 범인으로 몰려 감옥에 갇혀 고문을 당하면서 자백을 강요받았다.

"나는 수도하는 승려이지 마적 떼가 아닙니다."

그러나 러시아 경찰은 믿지 않고 밤낮없이 고문을 계속하였다. 그러더니 며칠이 지나자 고문을 중단하고 감옥에만 가두어 놓는 것이었다.

'웬일일까? 고문도 그만두고 감옥에만 가두어 두다니…'

이렇게 고민을 하면서 지내던 어느 날, 한국인 한 명이 그 감방에 들어왔다. 학교 선생인 그는 산골짜기에 아편을 심었다가 발각되어 잡혀 온 것이라고 하면서 물었다.

"스님이 살인강도의 누명을 쓰고 들어온 분입니까?"

"그렇습니다."

"스님, 범인은 이미 잡혔습니다."

"그런데 왜 나를 석방시켜 주지 않는 거요?"

"아마, 이 감옥에서 나가기가 어려울 걸요?"

"왜요?"

"우선 조선 사람은 나라가 없기 때문에 일본 사람들이 힘을 써 주지 않습니다. 설사 러시아 쪽에서 풀어 준다고 하더라도, 조선 사람이 러시아 감방에서 죄 없이 갇혀 있었다는 것을 구실로 일본은 러시아에 보상을 요구합니다. 러시아로서는 공연한 말썽거리가 생기는 것을 원치 않으므로, 차라리 감옥에서 죽도록 내버려 두는 것입니다. 거기다가 보복을 두려워한 그 부잣집 안주인이 돈을 써서 스님을 풀어 주지 못하도록 하였으니…"

'큰일났구나. 이 감옥에서 살다가 죽어야 하다니! 이토록 난감하고 억울한 일이 어디 있는가? 필경 불보살의 가피를 입어 탈출을 하는 수밖에는 딴 도리가 없겠구나.'

금오 스님은 감옥에서 가부좌를 틀고 앉아 관세음보살을 부르기 시작했다. 참선도 화두도 그만두고 오로지 관세음보살의 구원만을 갈구하며 부지런히 염불하였다.

사흘째 되는 날 밤, 어떤 사람이 철창 바깥에 나타나 감방 안을 들여다보며 주위를 살피는 것이었다. 보는 사람이 없는 것을 확인한 그가 쇠창살 두 개를 잡고 쑥 뽑아 올리자, 쇠창살이 그대로 빠져 버리는 것이었다. 그는 뽑힌 쇠창살 사이로 고개를 들이밀어 스님을 향해 '씩' 웃고는, 다시 쇠창살을 꽂아 놓고 사라졌다.

비몽사몽간에 이 일을 접한 금오 스님은 자리에서 일어나 가운데 쇠창살 두 개를 뽑아 보았다. 이상하게도 쇠창살이 쏙 뽑히는 것이었다. 스님은 감방을 빠져나와 형무소 문 쪽으로 다가갔고, 때마침 문지기들이 졸고 있어 몰래 기어 나올 수 있었다. 이렇게 완전히 형무소를 탈출하여 달려가다가 다리가 아파 수수밭에서 쉬고 있는데, 갑자기 말을 탄 간수들이 나타나 탈옥수를 찾는 수색을 시작하는 것이었다. 스님이 다시 안전한 곳을 찾아 피해 가는데, 한 간수가 말을 몰아 쫓아오더니 잡으려고는 하지 않고 묻기만 하는 것이었다.

"탈옥수 한 명이 지나가는 것을 보지 못했소?"

"보지 못했는데요."

"이상하다, 어디로 사라졌지?"

그는 더 이상 묻지 않고 다른 곳으로 달려갔다.

'이것이 관세음보살의 가피로구나.'

스님은 불보살님의 은혜에 크게 감격하면서, 만주 봉천의 깊은 산림 속 토굴에 계신 수월 스님을 찾아가, 1년 동안 모시고 열심히 정진하였다. 금오 스님은 후학들을 지도하면서 그때의 일을 자주 들려주시고 이렇게 말씀하시곤 했다.

"참선하는 수좌도 가끔은 기도를 하는 것이 좋다."

금오 스님의 만행은 한 수좌의 수행을 넘어 향후 한국불교의 방향을 바꿔놓는 중요한 계기가 된다. 금오 스님은 만행을 통해 일본이 한국불교에 끼친 폐해를 목격함으로써 1930년대 선학원을 통한 청정회복운동에 나서고, 해방 후 정화운동을 주도하는 데 영향을 끼

치는 것이다. 금오 스님이 만행에 나서던 1920년대 후반 조선은 일제의 대처 중심 정책에 의해 수좌들이 제대로 공부할 곳이 없어 떠돌던 때였다. 일제는 조선을 식민지로 삼은 뒤 불교마저 통치하기 용이하도록 정부 행정 체제를 본 따 본산제도를 만들었다. 도청에 해당하는 본사를 두고 그 아래 자치단체에 해당하는 말사를 배치했다. 총독부는 본산 주지연합회를 만들어 이를 통해 전국 사찰을 통제했다. 게다가 대처들만으로 본산주지를 임명해 조선의 전통 수행법인 간화선을 참구하는 비구는 대처들이 찾지 않는 토굴 외에는 참선 공부할 도량조차 없었다.

김태흡은 『선원(禪苑)』에서 당시 상황에 대해 "청정 비구승의 수행환경은 비참하여 주접할 곳이 없으며, 세속 사원과 다름없는 재가 사원에 들어가서는 발붙일 곳이 없었고 식량이 없어 선원에도 들어가지 못하고 헤매다가 뜻하지 않게 병이 들면 간호 한번 받지 못하고 길거리에서 사망하는 자가 비일비재하였다."고 기록했다. 금오 스님 역시 그 같은 상황을 직접 목도하고 또 몸소 체험했다.

출가와 치열한 정진, 경허 법맥 계승, 제방의 선지식 참방을 통한 보임과 이 땅의 현실을 생생히 목도하고 체험하는 만행의 과정을 거친 선사는 드디어 대중 앞에 나타난다.

대중 앞에 나서다

1935년 40살이 되던 해, 금오 선사는 드디어 만행을 멈추고 수좌들의 요청에 의해 직지사에서 첫 조실을 맡아 산문(山門)을 열었다. 16살의 나이로 고향을 떠나 금강산 마하연선원에서 출가한 뒤 24년만의 일이다. 16살의 소년은 40세의 장년이 되었다. 그동안 엄청난 인내력과 정진력으로 숱한 고난을 헤쳐 왔으며 당대 최고의 선승들을 전부 참방하며 배움을 다지고 다졌다. 육조혜능 선사의 등장을 떠올리는 극적인 장면이 아닐 수 없다.

18살에 나무꾼으로 출가했던 혜능은 야밤에 오조홍인으로부터 법을 전해 받은 뒤 4년여 간(덕이본 『육조단경』은 15년이라고 기록) 자신을 드러내지 않고 속인의 옷을 입고 은둔하며 지내다 드디어 인연에 따라 30세 전후에 극적으로 등장한다. 그리고 자신이 육조임을 알리고 법을 펴니 조계의 맥이 오늘날 조계종에까지 이어져 도도히 흐르고 있다.

금오 선사가 직지사 조실로 추대된 것은 선사가 당시 어느 정도 위치를 차지하고 있었는지를 잘 보여 준다. 이름에서부터 선(禪)의 기운이 물씬 풍기는 직지사는 선종 중심 사찰로 1910년대 초반 선원이 다시 개설돼 당대 최고승들이 머물며 수좌들을 지도하던 최고의 선원이었다. 그곳에는 경허 스님의 지도를 받아 목숨을 걸고 화두 참구했던 제산 선사가 있었다. '탁배기 수좌'로 불릴 정도로 술을 좋아했던 제산 선사는 해인사에서 경허 스님으로부터 선 지도를 받으면서 선사로 거듭나 1913년 봄 더 치열한 공부를 하기 위해 직지사로 옮겨온다.

이때부터 직지사에는 제산 스님을 모시고 공부하려는 눈 푸른 납자들의 방문이 끊이지 않는다. 특히 해인사 퇴설당에서 정진했던 뛰어난 수좌들이 앞 다퉈 제산 선사 회상으로 찾아들었다. 해인사 주지를 지냈던 남전 스님과 만봉 스님, 1915년 경봉 스님, 1918년 전강(田岡) 스님, 고암 스님이 대표적이다. 특히 전강 스님은 목숨이 경각에 달릴 정도로 맹렬하게 제산 스님 회상에서 정진했다. 1918년에는 30여 명의 납자가 제산 스님 밑에서 정진할 정도로 선원은 수좌들로 가득 찼다.

1924년 3년 결사에는 동산 스님이 용맹정진에 참여했으니 그 면면만으로도 직지사 선원의 명성과 위상을 짐작하고 남는다. 1930년 제산 스님이 입적한 뒤에는 스님의 사제인 퇴운원일(退雲圓日) 스님이 1939년 입적할 때까지 직지사를 이끌었다. 금오 스님은 퇴운 스님 입적 후 직지사 조실로 추대된 것이다.

그런데 왜 직지사와 인연이 없는 금오 스님을 조실로 모셨을까? 당시는 문중 개념이 없이 순수하게 법(法)을 좇아 스승을 삼을 때이므로 금오 선사의 법력과 정진력이 그만큼 수좌들에게 널리 알려졌을 것으로 보인다. 제산 스님이 경허 스님 회상에서 정진하고 화두를 받았듯 금오 스님 역시 경허와 만공으로 이어지는 덕숭의 맥을 이었으므로 경허의 정맥을 이은 선지식이라는 점도 고려됐을 것이다.

또 하나는 탄응정혜 스님과의 관련성도 추정할 수 있다. 직지사 천불선원에서 제산 스님을 은사로 득도한 탄응 스님은 스승처럼 뛰어난 수좌였다. 그런데 탄응 스님은 1930년대 이후 월정사에서 입승으로 정진했으며 잠시 직지사에 머문 뒤에도 주로 상원사에서 정진했다. 금오 스님도 1926년 만공 스님으로부터 법을 인가받은 후 줄곧 월정사 입승 선덕으로 방부를 올렸다. 두 스님이 한암 스님 회상에서 함께 정진한 것이다. 이러한 친분으로 탄응 스님이 금오 스님을

1939년 퇴운 스님 입적 후 직지사 조실로 추대되면서
처음으로 법석에 올랐던 직지사 천불선원의 내부 모습

직지사 조실로 천거했을 가능성이 높다. 금오 스님이 1940년 직지사에서 나온 뒤 탄응 스님은 직지사에서 납자들을 제접하는데 이때 제자로 맞이한 스님이 바로 녹원 스님이다.

금오 스님은 직지사 조실로 있는 동안 용맹정진을 강조했다. 이 신념은 선사가 열반할 때까지 한 치의 변화도 없었다. 수행 중에 조는 수좌가 보이면 장군죽비로 사정없이 때렸다. 하루는 선방에서 수행 중에 한 수좌가 조는 것을 보자 선사는 사정없이 죽비로 내려쳤다.

"너는 무엇 때문에 이 선방에 왔느냐?"

"큰스님, 견성성불을 이루기 위해 왔습니다."

다시 금오 선사의 죽비가 내려쳤다.

"그래 견성성불을 이루기 위해 온 놈이 허구한 날 이렇게 졸고 있느냐. 참선 수행 중에 그렇게 졸고 앉아 있으면 꿈속에서 떡 장사에게 떡은 얻어먹을지언정 견성성불을 이루기는 애초부터 글렀어."

수좌는 말문이 막혔다.

"수행이란 농사꾼이 농사짓는 것이요, 장사꾼이 장사를 열심히 하는 것과 같다. 그런데도 불구하고 출가수행자가 공부의 도리를 다하지 못하고 참선 수행 중에 조는 것은 크게 잘못된 것이다."

선사는 몇 번의 꾸짖음에도 불구하고 졸음을 이기지 못하는 수좌가 있으면 절로 되돌려 보냈다. 이렇게 금오 선사가 참선 수행과 계율에 매우 엄격했던 것은 당시 경술국치로 인해 한국불교가 왜색화

되는 것을 매우 가슴아파했기 때문이었다.

금오 선사의 이 같은 철저한 수행관은 1926년 당시 용성 스님이 건백서를 통해 조선총독부에 승려의 취처와 수행사찰을 요구한 정신과 무관하지 않다. 스님이 출가하여 가장 먼저 해야 할 일은 계율을 지키고 열심히 참선 수행하는 것으로 이것만이 올바른 도리라는 것을 수좌들에게 항상 명심시켰다. 3년 간 용성 선사를 모시고 공부했던 금오 선사도 자연스럽게 계율의 엄격함과 중요성을 깨달아 평생 참선 수행과 함께 지계청정을 지도했다.

직지사에서 10여 명의 수좌를 지도한 금오 선사는 곧 새로운 수행처를 찾기 위해 떠난다. 선사는 제방을 다니며 스승을 찾아 공부했던 것처럼 이제는 선지식으로 전국을 찾아 선원을 개설하고 후학을 맞는다. 노 스승인 경허 스님을 비롯하여 수월·혜월 스님이 그러했던 것처럼 스님은 제방의 수행처를 찾아 나섰다.

한편으로 금오 선사는 당신의 공부뿐만 아니라 일제에 의해 무너진 선 전통과 계율을 지키기 위한 민족불교 수호에도 앞장서는데 이는 해방 후 선사가 정화운동에 앞장서는 계기로 작용한다. 선사의 민족불교수호운동은 선학원을 중심으로 진행된다.

일제강점기
한국불교 현실을 목도

조선을 강제 병합한 일제는 사찰령을 만들어 전국 사찰을 31본산체제로 둔다. 한국불교를 행정적으로 장악하는 제도였다. 본산 주지를 일제가 임명하고 친일 주지로 하여금 승려들을 순치시켰다. 그리고 일본불교처럼 승려 결혼제도를 만들어 계율을 파괴했다. 결혼하고 일제에 협력하는 친일불교 지도자가 당시 불교지도부 모습이었다.

반면 수좌들은 독신비구승 고유 전통을 지키며 심산유곡의 토굴을 찾아 정진했다. 수좌들이 청정 비구 독신승의 불교 전통을 유지하기 위해 참선 정진에 매진한 반면, 상층 불교지도자들은 일제에 협력하면서 편안한 자리를 보장받았다. 막대한 토지에서 나온 부와 이를 기반으로 유학을 하면서 사회의 지도자로 성장했다. 하지만 일제강점기 불교지도자들이 누린 부귀영화는 불교 전통을 훼손하고 일제의 조선 통치에 협력한 대가였다. 그로 인해 대처승들은 자식 대에까지 온갖 특혜를 누렸지만 청정 비구승들은 참선 정진할 토굴조차 제대로 없어 목숨을 걸고 수행해야 했다.

1920년대 일제에 의한 불교통치가 안정될수록 수좌들의 세력도 점차 커져 수좌들만의 수행공동체 마련이라는 원력도 구체화되어 갔다. 민족적 성향의 불교계는 1920년대에는 만해를 중심으로 한 사찰령 철폐운동과 수좌들을 중심으로 한 새로운 선풍운동을 전개하는데 그 결과 선학원이 창립된다. 선학원을 주도한 인물들은 모두 경허의 제자들이며 금오 선사에게 깊은 영향을 끼친 당대 고승들이었다. 그러므로 선학원은 구한말 경허와 용성 등 선원수좌들이 성장한 결실인 셈이다.

원(院)이라는 명칭을 사용한 것은, 일제 총독부가 사찰령으로 조선의 사찰을 통제 아래 두면서 통제 밖 사찰에 대해서는 사(寺)나 암(庵)이라는 명칭을 사용하지 못하게 불허했기 때문이다. 이런 점이 오히려 선학원과 수좌들이 일제에 협력하지 않고 올곧은 불교 전통을 유지하게 했다. 당시 불교는 일제가 만든 사찰령에 따라 본말사 주지

◉
1920년대 일제의 대처 불교에 맞서 한국 전통 선불교를 지키고자
만공 스님 등이 중심이 되어 창립한 선학원.
금오 선사의 불교정화도 선학원에서 시작됐다.

취임을 포함하여 법회, 동산·부동산 변동의 소소한 내용까지 일제 총독부의 허락을 받아야만 했다.

그러나 선학원 스님들은 '사(寺)'나 '암(庵)' 등의 명칭을 사용하지 않음으로써 일제의 불교정책 대상으로부터 벗어날 수 있었고, 이로 인해 청정 비구의 조선 전통을 지킬 수 있게 된 것이다. 선학원 설립과 유지 운영에 가장 많은 영향을 끼친 곳이 바로 금오 선사를 낳고 기른 덕숭산이다. 수덕사로 대표되는 덕숭산은 선학원을 만들고 유지 운영하는 구심점 역할을 담당했다.

1921년 친일성향의 총독부 공식 불교 조직에 맞서 임제종 운동을 계승하고 전통 선풍을 지키기 위해 서울 안국동에 수행도량을 건축한 것이 선학원의 출발이다. 수좌들의 안정적인 수행을 뒷받침하기 위해 이듬해 '선우공제회'를 만들어 물질적으로 후원했다. 일제가 민족 전통의 불교를 지키는 수좌들을 그대로 방치할 리가 없다. 조선총독부는 세금을 무겁게 매겨 운영난을 맞도록 유도하거나 친일단체를 통해 선학원을 장악하는 등 여러 방법으로 괴롭혔다. 이로 인해 실제로 선학원은 해체 흡수될 위기에 처해 범어사 포교당으로 명맥을 유지하는 등 많은 고난을 겪었다.

그러나 위기를 맞을수록 수좌들은 더 굳게 뭉치고 선지식들을 중심으로 민족고유의 선 전통을 잇고자 하는 의지는 더 충만해졌다. 1934년 만공 스님의 주도아래 선학원은 재단법인 '조선불교중앙선리

참구원'으로 변경하여 안정적인 재원 확보를 통한 선 수좌들을 후원하고자 했다. 재단법인으로 전환한 선학원은 선풍을 일으키고 선종의 독자적인 발전을 도모한다.

그리하여 1935년 한국불교 선맥을 지키기 위해 '조선불교전국수좌대회'를 개최하여 '조선불교선종종무원'을 발족하는 등 종단의 모습을 갖추는 데 이른다. 만공 스님을 조선불교선종 대표 종정으로 혜월·한암 스님을 종정으로 추대했다. 조선선종의 출범으로 선학원은 중앙선원으로 전국 선원을 대표하게 된다. 종정으로 추대된 면면들은 모두 경허의 제자들이며 금호 스님에게 많은 영향을 끼친 당대 최고의 선지식들이다. 당시 기록에는 전국 선원 45개소에 수좌 200여 명이 참구하고 있었다. 조선불교선종은 이들 수좌들의 구심점이었다.

1939년에는 조선불교선종 정기 선회를 개최하여 금강산 마하연 선원을 초참납자들의 지도를 위한 모범선원으로 지정하는 논의를 하고, 지리산 가야산 오대산 금강산 묘향산 등 5대산을 모범총림을 위한 대표적인 산으로 지정했다. 또 전국 선원의 수좌들의 소식을 원활하게 하기 위해 방함록을 취합하여 배포하기도 했다. 선학원을 통해 오늘날에도 그대로 이어가고 있는 선원 전통을 확립한 것이다.

1941년에는 전국의 고승들이 한곳에 모여 승풍정화를 진작하는 대회를 개최하는데 바로 '유교법회(遺敎法會)'가 그것이다. 한국 전

1941년 승풍을 바로 세우기 위해 선학원에서 개최한 유교법회.
금오 선사도 유교법회에 참석해 민족불교의 정통성 회복 원력을 세웠다.

통선과 계율수호를 위한 이 대회는 만공 스님을 모시고 10년 이상 수도 정진한 고승들이 참석 대상이었다. 전국에서 40여 명의 고승납자들이 참석한다. 만공·한영·동산·청담·자운·운허·고암 등 말 그대로 수좌들의 대표였다. 그 자리에 금오 스님도 있었다.

금오 스님이 유교법회에 참석한 것은 역사적으로 큰 의미가 있다. 우선 금오 스님이 역사의 무대에 처음 등장한 것이 이 유교법회다. 1941년 3월 4일에서 13일까지 선학원에서 개최된 유교법회는 일제의 대처육식 정책에 맞서 청정 비구 중심의 전통 한국불교를 고수하려는 수좌들의 본격적인 움직임이며, 해방 후 정화운동으로 이어지는 매개가 된다. 이 법회에는 40여 명의 고승이 참여했는데 만공 스님의 주도아래 후일 불교정화운동을 이끈 동산·청담·자운 스님 등이 참여했다.

선사, 율사, 강사 등 다양한 출신들이 참여하여 식민지불교의 극복, 승단정화를 주창한 이 법회에서는 『범망경』, 『유교경』, 「조계종지」 등을 사부대중에게 강의했다. 한마디로 현대 한국불교의 지향점과 방향 그리고 조계종단을 세운 주역들이 대부분 이 법회에 동참한 것이다. 금오 스님이 단순히 선원에서 수좌들만 지도하는 현실과 동떨어진 수좌가 아니라 식민지 불교계의 현실을 체험하고 이를 극복하기 위해 애쓴 현실감각과 시대의 사명을 온몸으로 끌어안은 진정한 지도자였음이 유교법회 참석 사실만으로도 확인할 수 있다.

법회가 끝나고 수좌들은 제2회 조선불교선종 정기 선회를 개최해 임원진을 개편하는데 금오 스님은 월정사 선원 대표로 참석해서 선리참구원 이사로 선출되었다. 당시 이사장은 범어사의 오성월 스님, 부이사장 경봉 스님, 상무이사 원보산, 그리고 이사에 금오 스님과 변봉암 스님이 선출됐다. 선학원은 수덕사 만공 스님이 주도해서 결성한 한국선불교의 본부였다. 해방 후에는 정화운동의 산실이다. 금오 스님이 일찍이 선학원 이사로 참여하면서 이후 정화운동을 주도하는 인연을 맺게 된 것이다.

유교법회에 참석한 뒤 선학원에서 나온 스님은 처음 출가한 금강산 마하연선원을 거쳐 안변 석왕사로 발길을 돌렸다. 스님이 들를 당시 마하연선원에는 공부하고 있어야 할 수좌들이 없었다. 이에 스님은 다시 백두산으로 발길을 옮겼다. 그곳에는 만공 스님의 제자 혜암 선사가 있었다. 혜암 선사는 삼지연이라는 토굴에서 3년 동안 수행하고 있었는데, 조선총독부의 간섭을 피해 많은 조선 수좌들이 그곳에서 정진했다. 금오 선사는 삼지연에서 나와 다시 만주로 갔다가 처음 출가했던 금강산 마하연을 거쳐 안변 석왕사에 들른다. 석왕사는 금오 선사가 처음 출가해 3년간 정진했던 사찰이었다. 석왕사에서 여장을 풀고 있던 어느 날 금오 선사는 석왕사 조실인 환공 선사로부터 한 청년을 소개받는다.

제자를 맞이하다

　　　　　　　직지사를 시작으로 선지식의 면모를 펼쳤던 선사는 해방 직전인 1944년 세속으로 49세가 되어 처음으로 제자를 맞이한다. 첫 제자가 바로 성림당 월산 대종사다. 금오 스님과 출가 전 월산 스님, 즉 최종열(崔鍾烈)은 1943년 안변 석왕사에서 처음 인연을 맺는다. 만주를 거쳐 남쪽으로 내려가는 길에 들른 석왕사에서 금오 스님은 조실 환공 스님(속명 양안광)으로부터 한 청년을 소개받는다. 소년 시기부터 형체와 문자 이전의 소식과 인간 본래 모습에 대해 질문을 많이 던졌다고 하는 청년은 부친 사망 후 석왕사를 찾아 금오 스님과 인연을 맺었다.

금오 스님과 월산 스님의 첫 만남은 이렇다.

"집도 절도 가질 수 없으며, 처자와 자식을 가질 수 없으며, 재물도 권세도 가질 수 없으며, 그저 빈손인 것이 수행자의 삶인데 그대는 이 길을 가겠는가?"

그래도 청년의 대답은 확고했다. 이에 금오 선사는 청년을 향해 몇 마디 던졌다.

"무슨 까닭으로 출가할 생각을 했는고?"

"오래전부터 출가수행자가 되고 싶었습니다."

"출가수행자의 길이 편하고 좋은 것만은 아닐세. 형극의 길이라는 것을 짐작이나 하고 있는가?"

"예, 잘 알고 있습니다."

"다시 한 번 잘 생각하시게. 경솔하게 출가하면 후회만 하게 되느니…"

"결코 후회하지 않겠습니다. 스님 문하에서 수행하게 허락해 주십시오."

금오 선사는 청년에게 석왕사를 떠나 함께 남쪽으로 내려갈 것을 물었다. 두 사람은 서울 근처로 내려와 소요산 자재암에 닿는다. 이곳에서 한 달을 묵고 다시 남하한 곳이 도봉산 망월사였다. 금오 선사는 청년과 함께 이곳에서 여장을 풀고 다시 정진에 들어갔다. 이

때가 1944년이었다. 함께 따라온 청년도 이곳에서 머리를 깎고 출가했다. 금오 선사는 청년에게 월산(月山)이라는 법명을 내렸다. 청년이 그날 밤 둥근달이 산 위에 떠있는 꿈을 꾸었다는 말을 듣자 법명에 '달 월(月)' 자를 넣어 지었다.

첫 제자를 맞이한 선사는 제자에게 화두를 건네며 참선 정진을 지도했다.

"참다운 수행자란 첫째도 참선, 둘째도 참선이며, 셋째도 참선이다. 그러므로 오직 참선 수행을 으뜸으로 삼아야 한다."

금오 선사가 금강산 마하연에서 도암 스님에게 받았던 화두, '시심마(是甚麼)'를 내렸다. 월산 스님은 화두를 받아 정진했다. 스승과 제자는 망월사에서 흥국사로 옮겼다. 월산 스님은 이곳에서 공양주를 맡아 대중들을 시봉하며 용맹정진했다. 선사는 월산 스님에게 더 깊은 공부를 위해 수덕사로 갈 것을 제안했다. 수덕사는 '금오'라는 큰 산을 만든 덕숭의 본찰이었다. 그곳에는 만년의 만공 스님이 납자들을 제접하고 있었다. 월산은 경허의 직계제자 만공 선사 회상에서 한철 나는 인연을 맺게 되었다. 그것은 더 큰 산으로 우뚝 서도록 강하게 단련시킨 스승의 배려였을 것이다.

만공 선사는 처음 만난 월산 스님에게 이렇게 물었다.

"자네는 멀쩡하게 생겨가지고 왜 중이 되었는가?"

월산 스님은 엉겁결에 대답했다.

금오 선사가 첫 제자 월산을 맞이했던 도봉산 망월사

"스님은 왜 중이 되었소?"

그러자 만공 스님이 이렇게 말씀했다.

"이 사람아 내가 중인가?"

월산 스님은 나중에 이 일화를 들려주며 대중들에게 물었다.

"내가 대답을 잘 했는가 못했는가?"

제자를 더 큰 길로 떠나보낸 스승 금오 선사는 태백산 각화사 토굴로 향했다가 지리산으로 들어간다. 1945년 해방 즈음 금오 선사 나이도 어느덧 쉰의 노승(老僧) 반열에 들게 됐다. 당시 승려들은 대부분 창씨개명을 하며 종단 지도부는 친일 행렬에 앞장섰다. 사찰은 대처승 차지가 되어 왜색 불교화된 지 오래고, 몇몇 수좌들에 의해 겨우 부처님 고유의 청정 불교가 명맥을 잇고 있을 정도로 계율은 땅에 떨어졌다. 그런 어려운 환경 속에서도 선사는 끝까지 창씨개명을 거부하고 조선의 수좌로서 자존감과 명예를 지켰다.

그러나 수좌들의 어려운 사정은 해방이 되어서도 달라지지 않았다. 일제강점기 권승들은 여전히 토지와 종권은 물론 심지어 광대한 토지에서 나온 부를 바탕으로 쌓은 부와 학식을 바탕으로 정치권력까지 장악했다. 반면, 수좌들은 여전히 빈궁한 처지를 벗어나지 못했다. 비구승들은 제 먹을 것을 탁발해서 조달하지 않으면 선원에 방부조차 들일 수 없었다. 전도양양한 청년 수좌들은 유혹에 시달렸다. 장가를 가면 토지와 살 집을 제공한다는 유혹은 컸다.

이런 와중에도 1946년 가야산 해인사에는 효봉 스님을 모시고 총림이 설치되었으며, 1948년 문경 봉암사에는 눈 푸른 납자들이 모여 부처님법대로 살자는 결의를 세웠다. 그리고 한국불교의 성지 지리산에는 금오 선사가 있었다.

1947년 금오 선사는 지리산 쌍계사 조실로 주석하며 쌍계사와 칠불선원을 오가며 납자들을 제접했다. 대은 율사가 조선의 선맥과 율맥을 전승하기 위해 서상기도 한 유서 깊은 암자이며 아자방(亞字房)으로 유명한 칠불선원에는 선객들이 즐겨 찾아들었다. 금오 선사는 이곳에서 피나는 정진을 거듭했다. 그러나 수좌들의 삶은 비참했다. 말이 토굴이지 오랫동안 방치된 토굴은 폐가와 다름없었다. 결제를 3~4일 남겨두고 겨울 날 일이 걱정인 수좌들은 너나없이 걸망을 싸고 떠나려 했다. 이 소식을 들은 조실 금오 선사는 이들을 막아선 뒤 이렇게 법문했다.

"이 아자방(亞字房)에서 대은 율사는 기도 정진 중 서광을 얻어 우리나라 비구계단을 중흥시켰으며, 수많은 기적과 보살화신들의 일화가 어느 절보다 많은 서기(瑞氣)가 어린 도량이올시다. 오늘날 우리가 이렇게 한자리에 모이게 된 것은 우연이 아니니 흩어지지 말고 모두 동안거(冬安居)를 이 아자방에서 이루어 미진했던 공부를 한바탕 결단해 마칠 생각이 없소이까? 그대들은 어찌하여 한갓 배고픔으로 인해 이곳을 떠나려 하는가?"

선사의 단호한 결기에 수좌들도 마음을 바꾸었지만 매서운 지리산의 추위 속에 굶으면서 안거를 날 수는 없었다. 이에 선사는 동안거 중 반은 탁발행을 하고 반은 용맹정진하도록 했다.

수좌들이 탁발할 동안 선사는 산에서 땔나무를 해 장작을 팼다. 수월 선사가 결제 동안에 말없이 산에서 나무하며 대중들을 모셨던 것처럼, 금오 선사도 땔나무를 장만하며 수좌들을 뒷받침했다. 칠불선원에서 선사는 수좌들에게 '용맹정진하다 죽어도 좋다'는 각서까지 받고 정진했다. 각서를 쓰지 않은 수좌는 칠불을 떠날 것을 명할 정도로 목숨을 걸었다.

선사는 이렇게 법문했다.

"오늘날 우리 대중은 불법(佛法)을 향하여 이 목숨을 크게 던져봅시다. 우리가 죽음으로써 각오를 세울 때 무엇을 이루지 못하겠소. 여러분이 죽어도 좋다는 각오만 선다면 나도 힘을 다하여 용맹정진을 앞서 끌고 나갈 것이오."

그렇게 죽음을 각오하고 한철을 지내 몇몇은 안목을 얻어 선사를 받들어 모셨으며, 업력이 깊어 정진에 많은 고초를 겪었던 학인들도 장부로 거듭났다. 이 모두 선지식의 법력이었다.

1948년 정국은 갈수록 어려워졌다. 광복의 기쁨은 가시고 곧 사라질 줄 알았던 38선에는 날마다 긴장감이 돌았다. 지리산은 긴장의 한복판에 휩싸였다. 인근 여수·순천 반란사건으로 쫓긴 무리들이 지리산으로 들어와 빨치산 활동을 전개해 칠불선원까지 위험해졌다. 밤에는 빨치산이, 낮에는 경찰이 들이닥치는 위기가 날마다 계속됐다. 결국 수좌들의 건의에 따라 피난을 떠나게 됐다. 칠불선원을 내려오다 금오 선사는 군용차량을 발견하여 손을 들어 세웠다. 치열한 전투 현장에 언제 어떤 이유로 죽을지 모르는 급박한 순간에 선사는 태연하게 군용차량을 세웠고, 호방했던 지휘관이 흔쾌히 허락해 선사와 수좌들은 무사히 지리산을 빠져나왔다.

지리산을 나온 선사는 계룡산으로 갔다. 이곳에서 두 번째 제자를 맞이했으니 후일 위기의 순간마다 종단을 구했던 탄성 스님이었다. 그때가 1950년이었다.

금오 선사는 목포의 정혜원을 찾아갔다가 이곳에서 월산 스님과 해후한다. 월산 스님을 수덕사로 떠나보낸 지 5년만이었다. 월산 스님은 몇 년 만에 은사를 모시고 완도에 갔다. 금오 선사는 돌멩이 하나를 집어 들며 물었다.

"이 돌멩이가 과연 마음 안에 있는가 밖에 있는가?"

대답을 못하자 선사는 돌멩이를 바다에 던지고 다시 물었다. 세 번이나 계속해서 물어도 대답을 못하자 이렇게 타일렀다.

"선지를 넓히려면 오직 화두를 참구하는 일에 게으르지 마라."

월산 스님은 그날 이후 앞뒤를 돌아보지 않고 화두 참구에 매달려 정진했으며, 금오 선사가 열반에 들기 전 문도들을 모아놓고 오른손을 들었는데 월산 스님은 그때는 대답을 할 수 있었다.

한편 금오 선사의 명성은 제방 선원에 널리 퍼져 제자가 되기 위해 많은 수좌들이 몰려들었다. 1951년에는 월남, 1953년에는 월두(혜정) 스님을 제자로 맞아들였다. 다시 탄성 스님의 소개로 월천(이두) 스님을 제자로 받아들여 모두 네 명의 제자가 생겼다. 선사는 제자들에게 오직 참선 수행만을 강조했다. 이후 스님의 제자는 범행·월성·월주·월서·월만·월탄·정일·월조·월태·월담·월용·천룡·월복·혜덕·아월·묘각·삼덕·혜성·남월 등 40여 명으로 늘어났다. 선사는 제자를 받아들이면 어김없이 참선 수행을 할 화두를 내렸다. 길을 가다가 만나는 돌멩이 하나, 풀 한 잎, 구름 한 조각, 바람 소리마저 화두로 내렸다고 한다.

금오 선사의 제자들은 누구든지 강원에 나가 경(經)을 읽거나 문자공부를 할 수가 없었다. 강원에 나가면 크게 호통을 쳤다. 한번은 혜정 스님이 금오 스님에게 물었다.

"큰스님은 어째서 경을 공부하거나 글공부하는 것에 그토록 반대하십니까?"

"너는 어찌하여 그것을 모르느냐. 문자란 깨침이 아니라 하나의 지식에 불과하기 때문이다. 그러므로 글자와 경에 얽매이면 쓸데없는

금오 선사와 제자들

알음알이에 집착하게 되고, 정작 깨달음에는 이르지 못한다. 그러므로 오직 화두 참선에만 매달려야 견성성불할 수 있는 법이다."

1953년 5월 58세 때 금오 선사는 선학원 조실을 맡게 된다. 6·25 한국전쟁 휴전이 임박하던 때였다. 여기서 포산 스님의 제자였던 범행 스님을 만난다. 생전에 범행 스님은 처음 본 금오 스님을 이렇게 회고한다.

"마치 중국의 달마대사 같은 얼굴을 하며 풍채가 당당하고 위엄이 서려 있어 그분 앞에 무릎을 꿇고 한동안 일어나지 않았다. 태산이 앉아 있는 듯한 우람한 체구였는데 그에 비해 목소리는 한없이 너그럽고 부드러웠다."

범행 스님은 금오 스님을 수원의 팔달사 조실로 모셨다. 거리가 가까웠던 까닭에 스님은 선학원을 자주 왕래하게 된다. 이는 휴전 후 한국불교사를 변화시키는 인연으로 작용한다.

정화를 주도하다

해방이 되었지만 비구승들의 처지는 일제강점기와 달라진 것이 없었다. 종단 중앙은 물론 본·말사까지 대처승들이 차지해 사찰을 사유화한 반면, 비구승들은 갈 곳도, 먹을 양식도 부족했다. 변화의 요구는 거셌지만 대처승들은 변화를 추동할 의지도 능력도 없었다. 해방 후 신생 대한민국은 새로운 시대적 요구에 따라 급격한 변화에 직면한 상황이었다. 불교계도 변화가 불가피했다. 특히 전쟁은 대한민국을 전혀 새로운 국가로 탈바꿈시켰다. 토지를 중심으로 한 봉건적 경제체제와 그 토대 위에 서 있던 신분제가 전쟁으로 인해 철저하게 무너졌다. 전통이 붕괴한 그 자리는 서양의 신문명이 대신했다.

그러나 가족을 부양하는 데 급급했던 대처승들이 이끄는 종단은 변화를 따를 의지와 능력을 상실했다. 가정을 돌보는 일이 일상이 된 주지들은 사찰을 돈벌이에 이용했다. 당시의 분위기는 이랬다.

> "심산의 대사찰만이 아니라 각급 사원까지 놀이터 내지는 유흥장으로 변하여 법당 앞의 누각에는 술동이가 놓여 있고, 기둥에는 돼지다리가 걸렸으며, 취객의 가무음곡이 끊이지 않았다. 사원의 방사는 유흥객들의 숙박이나 휴식처로 제공되었고, 이를 통하여 승려들은 돈을 벌 수 있었다. 큰 사원이 수도, 기도하는 도량이 아니고 사업장화 되어 승려들은 양복에 가방을 들고 아침에 출근했다가 저녁이면 처자가 있는 속가로 퇴근했다."
>
> ─ 「금오스님과 불교정화운동」 2권에서

해방 후부터 대처승 중심의 종단에 대한 개혁 요구가 빗발쳤지만 좌우 대립, 전쟁 등으로 인해 무산되면서 일제 청산과 불교 개혁은 무산되는 듯했다. 그런 가운데 19세기 말부터 자생적으로 생겨났던 선(禪)을 수행하는 수좌들이 일제강점기를 거치면서 무서운 속도로 성장했다. 일제가 결혼을 하지 않는 수좌들은 사찰 주지를 못 맡게 하는 등 탄압하고, 대처승들이 결혼을 강요하는 등 차별과 악조건을 뚫고 새로운 대안 세력으로 성장했다. 이는 결혼을 하지 않는 불교 고유의 전통을 고수하는 데 대한 불자 및 국민들의 신뢰, 원칙을 중시하는 수좌들의 규율, 악조건 속에서 진리를 추구하는 선불교의 강점 등이 겹쳐져 숫자는 적지만 정예 세력으로 성장할 수 있었다.

전쟁 직후 300여 명의 수좌들은 주로 20~30대 젊은 층이었다. 젊은 수좌들이 따르던 조실급 선지식은 손에 꼽을 정도였는데 통영 미래사 효봉 스님, 통영 욕지도 동산 스님, 선학원 금오 스님, 경남 고성 문수사 청담 스님 정도였다. 효봉 스님이 76세로 가장 나이가 많았으며, 해방 후 최초의 총림인 해인사 가야총림(현 해인총림) 방장을 지낸 수좌계의 최고 어른이었다.

동산 스님은 당시 65세로 일제부터 선불교 중심이던 영남 지역을 대표하는 선지식이었다. 범어사와 더불어 한국선불교의 양대 축을 형성하는 덕숭 계열의 금오 스님 역시 59세로 원로였다. 당시 53세의 청담 스님은 젊은 수좌들로부터 신망을 받는 중진이었다. 이 네 분의 스님이 수좌들의 존경을 한몸에 받는 어른으로 정화를 이끌었다.

명분을 갖추고 무시 못할 세력으로 성장한 비구승들은 해방이 되자 자연스럽게 제 목소리를 내기 시작했다. 수좌들의 요구는 아주 단순하고 소박했다. '수좌전용 사찰 할당'이었다. 광복 이후 선학원 측에서는 대처교단인 조선불교 선교양종 교무원에 수행사원 8곳을 요구한 바 있었다. 수좌들은 마음 놓고 참선 공부할 사찰 몇 곳만 있으면 족했다. 종단 운영 사찰경영 같은 사판(事判)에는 관심이 없었다. 수좌들이 모여 공부하고 신도들이 공양 올 수 있는 그런 사찰 몇 곳이면 충분했다.

수좌들은 사찰이 없어 아무도 거들떠보지 않던 산속 암자에서 19세기 후반부터 20세기 중반까지 고된 환경 속에서 공부했다. 수좌들이 주로 찾았던 금강산 마하연, 오대산 상원사, 양산 내원암, 장성 백운암, 서산 천장암, 문경 대승암 등은 깊은 산중의 작은 암자였다. 조선시대 왕실에서 내리고 스님들이 기도해서 모은 거대한 사찰 토지는 모두 대처승들 차지였다. 대처승들은 토지에서 나오는 막대한 부를 통해 세속 권력을 갖고 일본 유학길에 올라 학자로 명성을 쌓아 그 부와 권력이 자식으로 이어졌다. 그래서 너나없이 장가를 들었고 양복에 넥타이를 매고 부귀영화를 누렸다.

전쟁으로 인해 잦아들었던 수좌전용 사찰 요구는 전쟁이 소강상태에 접어들고 서울을 수복하는 등 어느 정도 안정을 되찾자 다시 터져 나왔다. 1952년 4월 선학원의 이대의 스님이 송만암 종정에게 명산대찰 몇 곳을 독신승려 수도장으로 지정할 것을 요청하는 건의서를 올렸다. 이에 만암 스님은 그해 11월 통도사에서 열린 중앙교무회의에서 이를 검토하도록 지시를 내렸다. 이 문제는 다시 법규위원

금오 선사가 불교정화를 위해 주도한 전국 비구승대표자대회

회로 넘겨져 이듬해 1953년 4월 불국사에서 열린 법규위원회 회의에서 독신승려 수도도량 18개 사찰이 지정됐다. 그러나 31본산은 전부 제외됐다. 18개 사찰은 동화사, 내원사, 직지사, 보문사, 전등사, 신륵사, 운문사 사리암, 남해 보리암 등이었다.

1953년 5월 금오 스님은 수좌들에 의해 선학원 조실로 추대됐다. 금오 스님이 선학원 조실로 추대된 것은 수좌들의 염원에 따른 것이었다. 금오 선사는 전국 선원에서 조실을 지내며 상당설법과 격외 법어로 존경을 한몸에 받던 선지식이었다. 계율에 있어서도 조금의 허점도 없는 율사였다.

이때부터 수좌전용 수도도량 지정 요구는 탄력을 받고 본격적으로 추진하게 됐다. 수좌들은 금오 스님에게 전용 사찰 지정을 요청했으며 전쟁 중에도 수좌들을 이끌고 토굴에서 정진을 멈추지 않았던 금오 스님은 누구보다 이 문제의 중요성을 공감하고 있었다. 교정의 교시와 중앙교무원 측의 결정이 있었지만 실제 사찰 할당 결의는 더디기만 했다. 하지만 대처 측도 마냥 이 문제를 끌 수는 없었던 듯 중의를 모으기 위한 노력을 보였다.

1953년 5월 태고사(현 조계사)에서 전국주지회의를 개최하고 금오 스님에게 법문을 요청했다. 금오 스님은 대처 측도 존경해 마지않던 몇 되지 않는 비구승이었다. 스님은 태고사에서 이렇게 법문했다.

욕지전생사(欲知前生事)

금생수자시(今生受者是)

욕지내생사(欲知來生事)

금생작자시(今生作者是)

만약 전생의 일을 알고자 한다면

금생에 받는 것을 보면 알 수 있을 것이요

만일 다음 생의 일을 알고자 한다면

금생에 행한 일을 보면 알 수 있을 것이다.

『잡아함경』에 나오는 누구나 다 알고 있는 평범한 인과법문이지만 스님이 체험한 경지에서 우러나와 큰 감동을 안겼다. 그리하여 회의 의제였던 수도장(修道場) 문제는 손쉽게 타협이 이루어져 전국 사찰 중 18개 사찰을 수도장으로 정하기로 약속했다.

선학원으로 돌아온 스님은 태고사에서 있었던 사실을 대중들에게 알리고 협의했다. 그 자리에는 김대월·안성찬·최월산·이범행·이법홍·김일도·문정영·김지영 스님 등 쟁쟁한 수좌들이 있었다. 협의 끝에 대월·법홍·정영 스님을 대표로 선출하여 정식으로 합의된 18개 사찰을 수도장으로 비구 종단에 위임해 줄 것을 태고사에 파견하여 요청했다.

하지만 대처 측은 사찰 할애를 주장하는 비구승을 회의장에서 내쫓았다. 이에 비구승들은 선학원에서 회의를 갖고 승단 정화에 뜻을 모으기 시작했다. 전쟁이 끝나고 1954년 5월 금오 스님 등은 조선불교중앙교무원 측에 18개 사찰을 독신 수좌들의 수행도량으로 인도할 것을 요구했지만 해당 사찰 주지들이 거부하는 바람에 끝내 수좌전용 사찰 할당은 무산되고 만다. 금오 스님을 비롯한 선학원 측 비구승들은 이처럼 줄곧 수좌전용 사찰 할당만 요구했다. 수좌들이 마음 놓고 정진할 사찰 몇 곳, 그것도 당시로는 궁벽하기 짝이 없는 곳이었다.

아주 기본적인 요구조차 받아들여지지 않자 금오 스님도 종단을 근본적으로 변화시키지 않고서는 선불교가 설 자리가 없음을 깨닫게 된다. 금오 스님은 출가 후 줄곧 선 수행에만 매진해 왔다. 애초에 종단 권력에는 관심조차 두지 않았다. 도 높은 스승이 있다면 만주든 금강산이든 마다않고 목숨을 걸고 찾아갔으며, 지리산 칠불암에서 보듯 먹을 양식이 없어 굶주리면서도 오직 참선 공부에만 매달렸다.

스님은 한곳에 머물지 않았다. 수좌들의 요청이 있으면 어디든지 달려갔으며, 눈비만 막아주면 토굴도 마다하지 않았다. 스님은 대처승들이 쳐다보지도 않는 다 허물어진 토굴 암자 등만 찾아서 공부했다. 금오 스님뿐만 아니라 당시 비구승들은 토굴 말고는 공부할 사찰이 없었다. 효봉 스님은 통영, 청담 스님은 고성, 동산 스님은 욕지도의 토굴에서 공부했다. 그래서 최소한의 공부처를 요구했는데, 이마저도 거부당한 것이다.

교정 만암 스님이 지시하고 총무원과 종회 주지들이 결의했는데 가족의 생계를 염려한 해당 사찰 주지의 반대로 400여 수좌들이 공부할 18개 사찰이 물거품이 된 것이다. 이 정도의 변화와 양보도 수렴하지 못하는 종단이 할 수 있는 일이라고는 그들 가족들의 생계 마련뿐임이 극명하게 드러난 셈이다.

결국 10년이 넘는 긴 시간 동안 법에 의한 소송과 정부의 힘을 빌린 정화가 진행되고 그 과정에서 삼보정재가 유실되고 급변하는 외부 환경에 적극 대처하지 못하고 수십 년간을 내부 정비에 몰두하는, 안타까운 상황으로 내몰린다. 학자들은 정화의 폐해로 정부의 공권력 동원과 소송, 무자격자의 승려 유입 등을 들지만 이 같은 현상을 초래한 원인은 바로 대처승의 사찰 사유화, 종단무력화, 즉 대처승 자체에 있는 것이다.

원인을 간과하거나 애써 무시하고 그 결과만 놓고 정화의 부정적인 측면을 강조하는 것은 사안의 본질과 동떨어진 진단이다. 대처승제도와 대처승제도가 남긴 문화가 문제의 근원이다. 썩은 뿌리를 뽑아낸 자리는 구멍이 나게 마련이다. 그 나무가 크면 클수록 구멍도 크기 마련이다. 썩은 뿌리를 뽑는 과정에서 애꿎은 다른 나무와 풀이 죽기도 하고, 산이 흉물스럽게 변하기도 한다. 하지만 세월이 지나면 다른 건강한 나무들이 구멍을 메우고 산은 훨씬 더 건강한 생태계로 변한다. 정화는 그와 같은 것이다.

5월 20일 드디어 이승만 대통령이 '정화유시'를 발표한다. 대처승은 사찰에서 물러나고 사찰 소유재산을 반환할 것을 지시하는 내용이었다. 이승만 대통령이 사찰을 방문했다가 기저귀가 걸려 있고 황폐화된 것을 보고 분노해서 이러한 유시가 나오게 된 것이다. 대통령의 유시가 나오자 그때서야 대처승들은 부랴부랴 대책 마련에 들어갔다. 6월 20일 조선불교정기중앙교무회의를 개최해서 종헌을 제정하고 승단을 수도승단과 교화승단으로 구분하는 등의 개혁 조치가 이루어졌다. 명칭도 조선불교중앙총무원에서 대한불교조계종총무원으로 개칭했다.

그러나 대통령의 유시에 마지못한 대응이지 근본적인 변화는 아니었다. 이들은 여전히 비구승들을 홀대하는 등 변화를 거부했다. 이 회의를 참관했던 민도광 스님은 「정화일지」에 이렇게 기록하고 있다.

"우리들은 각기 법복을 정착하고 그들의 회의장에 방청을 허락받고 입장하여 진행을 지켜봤다. 소위 중앙종회의원들의 모습이란 것이 흑색장삼과 홍가사를 걸친 자가 있고, 속복과 양복의 형형색색이라 흡사 어느 속인들의 모임과 같았다. 회장이란 자는 장발에 양복으로 의장석에 올라 회의를 진행하는데 … (중략) … 회의 진행중에 어제 논의하던 삼보사찰에 관한 안건은 번의되어 동화사 직지사 등등의 빈한한 사찰 48개사를 수좌들에게 할애한다는 논의를 듣고 있던 중, 우리 중 누가 '당신들이 양복에 장발하고 무슨 중이라고 사찰을 수좌들에게 주느니 안주느니 왈가왈부하느냐?'고 폭탄선언을 하는데 이에 의장이 사찰(査察)에게 명하여 '방청석이 소란하니 정비하라'고 하면서 '참회하고 조용히 듣든지, 아니면 축출하든지 하라'고 하니 현오 거사는 '내가 참회하려면 무엇하려고 소리친단 말이요' 하고 퇴장했다."

스스로 변화하지도 않고, 등 떠밀리면서도 수좌들에게 내어줄 사찰이 아까워 머뭇거리는 대처승들을 보며 비구승들은 정화에 본격 착수한다. 6월 24일 불교정화운동발기인대회가 선학원에서 열리고 위원장에 금오 스님이 추대된다.

이승만 대통령의 정화유시 발언 이후 상황은 급박하게 돌아갔다. 비구승들은 수원 팔달사에 머물던 금오 스님을 모시고 본격적으로 정화를 준비했다. 당시 상황에 대해 이두 스님은 다음과 같이 회고한 바 있다.

"결제 중인데 비오는 날 범어사 청풍당에 계시는 지효 스님이 큰

선학원에서 정화 당시 효봉·동산·청담 스님 등과 함께 한 사진

스님과 월산 스님을 뵙고자 찾아오셨다. 그때 스님들 말씀을 들으니 곧 종단에 정화싸움이 일어난다는 짐작이 갔었다. 종단에 대처승은 중이 아닌데 이들이 종단의 실세가 되어가지고 지금 종단을 다 말아먹고 정작 출가정신으로 사는 사람은 종단과 무관하게 소외되어 있어서 한국불교는 지금 숨넘어가고 있으니, 우리들이 나서서 바로 잡지 못한다면 이제 불교를 구할 길이 없어질 것이다. 불교를 망치는 대처승을 몰아내는 투쟁을 해야 한다고 하시는 말씀을 들으니 밤이 새도록 아주 진지했기에 미구에 종단 싸움이 곧 시작될 것을 믿었다."

선학원에는 비구승들이 모여들어 임시회의를 개최하여 정화준비위원회를 결성하고 준비위원장에 금오 스님을 추대했다. 선학원 조실이며 수좌들의 선지식으로 수십 년을 수좌들과 한결같이 정진한 금오 스님을 정화위원장으로 추대한 것은 당연한 결과였다. 이때가 1954년 6월 21일이었다. 이로써 비구승단 건립이 본격적이며 공식적으로 전개되었고, 그 중심에 금오 스님이 있었다. 정화준비위원회를 주최한 비구승들은 당시 모임을 발족한 이유를 이렇게 기록했다.

"6월 20일 태고사(지금의 조계사)에서 대처승 교무원위원회에서 종헌이 통과됨을 보고 한국불교 정화 필요성을 감(感)하야 동년 6월 21일 안국동 선학원에서 불교정화운동을 발기함. 발기위원장 정금오, 부위원장 김적음 외 위원 십수 명, 전국 비구승은 대처승들로부터 언필칭 빨갱이 모략으로 무참한 희생을 당해오는 터이므로 '서리'를 맞고 재기할 기회를 기다리던 중에 (단기) 4287년 5월 2일(20일의 오기) 이 대통령의 유시로서 대처승은 사찰로부터 퇴거하고 한국고유의 승풍을 독신승이 맡아 보라는 요지를 발표하자 차에 호응해서 4287년 6월 24일 서울 안국동 선학원에서 원로비구승 다수 참석하여 불교교단정화대책위원회를 구성하다."

금오 스님을 중심으로 적음·대의 스님 등 선학원 스님들과 일부 수좌들 사이에서 논의되던 수좌전용 사찰 문제는 이제 정화운동으로 본격화되면서 효봉·동산·청담 스님 등 지방에서 수좌들의 스승으로 존경받던 고승과 전국 비구승들로 확산되기 시작했다.

아직 정확한 수좌들의 수와 어느 토굴 사찰에서 몇 명이 정진하는지조차 제대로 파악되지 않았다. 이는 지금도 제각각일 정도로 수좌들은 실태 파악조차 되지 않았다. 다만 전국 토굴에서 투철한 정진력으로 수좌들 사이에 이름난 선지식을 중심으로 그 회상에서 공부하던 납자들이 알음알이로 아는 정도였다.

하지만 대표적인 수좌들 면면은 모두 알고 있었다. 8월 1일 전국 수좌대표자대회를 고지하는 문서를 발송하는 한편, 정화대책위원회에 소속된 수좌들은 각처를 다니면서 큰스님들의 대회 참가를 요청하고 직접 인솔해서 올라왔다.「정화일지」를 남긴 도광 스님은 이렇게 기록했다.

"큰스님 모셔오는 데는 교통수단이 불편함을 해결하고자 특별수단으로 우리 몇몇 수좌들은 이장호 씨가 부산에서 조직한 종군 군포교단에 입단하여 그 단복을 착용하고 증명서를 소지하여 무임승차로 적극 활동하였다. 채동일(벽암) 스님, 김지영 스님, 송상근 스님들이 앞장서서 전국 비구승니들에게 왕방통문(往訪通文)한 바 그 공이 컸다. 그리고 통영군 미래사에 주석하신 이효봉 화상, 고성군 문수암에 주석하신 이순호 화상(청담 스님), 남해군 욕지도에 주석하신 동산 화상 등을 모셔왔다."

대회는 8월 24일과 25일 선학원에서 열렸다. 대회에는 65명의 수좌가 참여하여 교단정화, 도제양성, 총림창설을 결의했다. 정화운동을 이끄는 지도부는 '종헌 제정위원'에 선임됐다. 효봉·동산·금오·청담·인곡·성철·석호·향곡·월하 스님 등 9명이 선임됐다.

대회가 끝나고 금오 스님과 청담 스님은 공보처장을 방문해 정화유시에 대해 감사문과 건의문을 전달했다. 이때부터 정화운동은 본격적으로 전개된다. 대회 후 비구 측은 일간지 광고를 내거나 전국을 다니며 정화운동의 정당성을 설파하며 전국비구승을 모으는 데 주력한다. 그리하여 9월 28일과 29일 비구승 116명, 비구니 30명이 참석한 가운데 전국비구승대회가 열린다. 대회에서 만암 스님이 종정, 동산 스님이 부종정, 청담 스님이 총무원장격인 도총섭, 효봉 스님이 종회의장을 맡는다. 사실상 비구승단을 결성한 것이다. 이 대회를 기점으로 불교정화운동이 본격적으로 전개된다.

비구승대회가 열릴 당시 금오 스님은 수원 팔달사에서 겨울 동안 정진할 토굴을 짓는 데 관심을 쏟고 있었다. 이두 스님은 당시에 대해 이렇게 회상했다.

"그때 초가을이 되는 때인가 싶다. 큰스님을 뫼시고 백운사를 들러 토굴에 갔었는데 선학원에서 젊은 스님들이 세 분이나 숨 가쁜 걸음으로 달려 토굴에 도착했다. 큰스님이 정화준비위원장으로 막중한 현실이 앞에 있었는데 어찌 토굴에서 수좌들하고 일이나 하고 계십니까. 큰스님 안 가시면 아무것도 안됩니다. 이렇게 화급한 말을 들으시더니 그 말이 맞다 어서 가자 하고 떠나시는 게 아닌가. 무김치를 담그자고 김칫거리를 썰어 놨을 때다."

금오 스님은 정화운동의 과정 중에서 불을 지피고 비구승대표자들을 모으는, 초반부 역할에 결정적 공헌을 했다. 선사가 서울과 인접한 팔달사에 주석하며 선학원을 찾아오는 납자들을 제접하지 않았다면 정화의 구심점을 찾는 데 많은 시간을 허비했을지도 모른다. 선학원은 정화운동의 산실이며 일제강점기 때부터 수좌들의 구심점이었다. 수좌들의 구심인 선학원의 최고 어른이며 지도자가 금오 스님이었다. 정화의 횃불이 금오 스님으로부터 시작된 연유가 여기에 있다.

비구승대회 이후 겨울부터 정화는 전혀 다른 양상으로 전개된다. 이는 비구승 결집과 대통령 유시에도 불구하고 달라지기는커녕, 오히려 수좌들을 비방하고 명예를 훼손당했다며 역공을 펼치는 등 평화적 해결이 한계에 봉착했기 때문이다. 선학원의 수좌들은 결국 태고사를 강제 점거하게 되고 되찾으려는 대처 측의 물리력 동원으로 인해 수개월간 공방을 펼친다. 힘을 동원하는 형식으로 전개되면서 어른들은 직접적인 개입보다는 정부의 힘을 이끌어 내거나 협상 등 제2선의 역할을 주로 맡게 되는데 금오 스님의 역할도 여기에 집중된다.

결국 정부 주도하에 비구 대처 협상을 통해 1955년 8월 비구승이 주도하는 종단이 출범하고 제1차 정화운동은 마무리된다. 새로운 종단에서 금오 스님은 종회의원과 감찰원장을 맡지만 종단 소임에는 관심이 없었던 것으로 보인다. 1958년 잠시 총무원장을 맡았다가 6개월 만에 지방으로 내려간다.

수행공동체
회복을 위한 정진

금오 스님의 정화는 사실상 이제부터 본격적으로 전개된다고 보는 것이 맞다. 청담 스님이 종단 중앙에서 비구승단의 성공적인 안착을 위해 노력할 때 금오 스님은 황폐해진 지방 사찰에서 수좌들을 지도하며 대처승들에 의해 사유화되고 무너진 기강을 바로 세우는 데 매진한다. 18개 수좌전용 사찰을 주창했던 불교정화의 본래 정신을 되살리려는 금오 스님의 정화정신이 비구승이 운영하는 종단으로 변화한 뒤 지방에서 본격적으로 진행된 것이다.

1955년 8월 승려대회를 통해 종단은 드디어 비구승단으로 변모, 정통 선종 종단의 길을 걷지만 중앙이 바뀌었다고 해서 종단 전체가 달라지는 것은 아니었다. 변화는 이제부터 시작이었다. 지방의 사찰은 여전히 대처승들이 차지하고 있었고, 일제강점기의 사찰령이 해방 후에도 존속하고 있어서 사찰의 법적 주인은 주지 즉 대처승들이었다. 주지 인사권이 총무원장에게 있었지만 사찰에서 거부하면 사찰을 인수할 방법이 없었다. 물론 비구승들에게 흔쾌히 자리를 물려주는 대처승들도 없지 않았지만, 지방의 많은 사찰이 주지 인계업무에 협조하지 않았다.

사찰을 인수받는 것은 변화의 시작이었다. 정화는 단순히 사찰 주인이 대처승에서 비구승으로 변화하는 것이 아니라 근본적 변화를 위한 필수 조건이었다. 이승만 대통령이 충격을 받았던 것처럼 당시 사찰은 대처승의 가정집과 다름없었다. 이를 비구승단다운 새로운 가풍으로 전환시켜야 했다. 독신비구승단의 사찰운영원칙은 원융살림이다. 모든 대중이 동등한 자격으로 운영에 참여하는 '대중공의제'를 바탕으로 합의와 공개가 사찰운영의 원칙이다.

사찰의 변화는 종단운영권을 갖는 것보다 더 힘들고 지난한 과정이었다. 사찰마다 지역마다 특성이 제각각이었으며 개별적으로 처리해야 했다. 더군다나 수적으로도 비구승들은 절대 열세였으며 지역 기반도 없는 상태였다. 일제강점기부터 지역에 뿌리를 내리고 막대한 토지를 기반으로 부와 학식을 쌓고 지역에서 유지로 지내는 대처승 주지를 상대한다는 것은 여간 어려운 일이 아니었다. 지역의 기관장들도 혈연 학연 등으로 얽힌 대처승 편이었다. 하지만 아무리 어렵더라도 반드시 해결해야 할 과제였다.

1955년 8월 승려대회에 참석한 비구승은 1,118명이었다. 비구승 전원이 그 정도였다. 반면 대처승은 7,000여 명에 이르렀다. 식솔까지 합치면 그 수는 훨씬 더 많다. 사찰은 1,300여 개에 달했다. 10분의 1도 안 되는 비구승으로 사찰을 정화하기 위해서는 많은 무리가 따를 수밖에 없었다. 게다가 대처승들은 소송을 통해 비구승단에 대항했다. 8월 승려대회 이후 재판에 계류중인 소송만 80건이 넘었다. 이런 어려운 상황에서 금오 스님은 원래 정화의 목적인 '공부하는 수좌 사찰'로 변모시키는 데 앞장섰다.

금오 스님은 1956년 봉은사 주지에 임명됐다. 종단의 부종정을 맡을 정도로 종단 내 지도자였지만, 스님 역시 지방 사찰을 맡아 선종 종단으로 기반을 다져야 할 과제를 부여받은 것이다. 더군다나 선사가 정화를 일으킨 이유는 수좌들이 공부할 사찰을 갖기 위한 목적이었다. 금오 스님의 상좌 이두 스님의 회고에 나타난 당시 봉은사 상황을 살펴보자.

"첫 번째로 접수된 절이 봉은사였고 금오 큰스님께서 감찰원장 겸 봉은사 주지로 발령되었다. 그때는 서울에 모인 스님들이 그대로 체류하고 있는 중이라 참 많은 스님들이 봉은사로 갔었다. 아무것도 없는 절이라 우리가 손수 공양을 짓는 것은 물론이고 염장이 없어 혜정 스님과 나는 강을 건너 뚝섬에 가서 절집을 누비며 간장 된장을 얻어 드리는 일이 생각나면 그때가 옛일이었음을 알게 된다. 금오 스님은 그런 형편에서 아무것도 않고 노는 것을 조금도 인정하지 않으셨다. 일을 하거나 정진을 하거나 무엇이든 해야 했다. 놀면 소밖에 될 수 없다는 말씀이었다. 어느 절은 '접수 완료' 어느 절은 '접수 중' '난관이 있음' '대책을 지시해 달라', 총무원장인 청담 스님은 참모총장 같은 위치와 상황이었다고 기억된다. 나는 봉은사에 되돌아 와서 큰스님께 보고했더니 전국 사찰이 접수되는 것은 자연 순서니 그런 데 정신 팔지 말고 정진하라는 말씀이 계셨다."

1955년 당시 봉은사는 서울 시내에서 한참 떨어진 시골 절이었다. 마포나 용산에서 배를 타고 탄천과 한강이 합류하는 강가에 내려 걸어가야 했다. 이두 스님의 회고에 따르면 봉은사는 아주 궁핍한 절이었다. 음식 간을 맞출 양념이 없어 강 건너에서 탁발해 올 정도였다고 한다. 전쟁이 막 끝난 뒤여서 모두 어려울 때라 사찰 형편도 여의치 않아 서울과 떨어진 봉은사 경제 사정도 어려웠다. 그렇다 해도 지금 강남 일대 농지 대부분을 소유한 봉은사에 기본양념이 없어 탁발할 정도로 궁핍했다는 것은 선뜻 이해가 되지 않는다. 봉은사 사중의 물품이 대처승의 사가(私家)로 흘러들어 가지 않았다면 전쟁고아들을 거둘 형편이 되었던 봉은사에 기본양념이 없어 탁발을 나서야 했던 이유를 설명하기 어렵다.

실제로 많은 지방 사찰에서 대처승들의 비협조로 경제적 어려움에 처했다. 봉은사는 대처승 주지가 서류와 도장을 위조해서 불법으로 땅을 매각해 1960년대에 벌써 많은 땅이 유실됐다. 이들은 가족이 살기 위해 어쩔 수 없었다고 항변하지만, 이러한 주장 자체가 대처승들이 종단 전체의 공익보다 개인의 사익을 우선할 수밖에 없는 제도적인 한계를 갖고 있음을 보여 주는 증거다.

반면, 독신승으로 절에서 함께 생활하는 비구승들은 공동체 생활을 했다. 결혼하지 않은 독신승들은 절에서 함께 생활하며 함께 정진한다. 정화에서 비구승과 대처승 사이에 가장 첨예하게 대립했던 승려 자격 규정에서도 집단생활 여부가 결정적 조항이었다. 승니 자격 8대 원칙에는 독신승, 삭발염의, 지계와 함께 수도집단 생활자가 들어 있다. 절에서 함께 생활하며 함께 수행하고 함께 노동하는 대중공동체가 비구승 집단의 기본 조건이다.

반면, 대처승은 사가(私家)에 머물며 절과 집을 오갔다. 해인사 아래 사하촌에서 어린 시절을 보낸 70대 후반의 한 전직 출판인은 "내가 어릴 적 우리 마을에서 가장 많이 배우고 존경받는 분은 일제시대 해인사 주지를 지낸 큰스님이셨다. 그분 무릎에 앉아 좋은 말씀과 우리 역사에 관한 이야기를 들으며 자랐다."고 말했다. 학식이 높고 인품이 훌륭했던 그 스님은 마을의 정신적 어른이며 지도자였다.

그러나 대처승이었기 때문에 결혼하고 가족과 함께 마을에 머물러야 했다. 가장(家長)으로서 어쩔 수 없는 생활이었지만 사찰 전체 입장에서는 결정적인 약점이다. 학식과 인품을 지녀 존경 받을 수는 있지만 산중의 일을 함께 의논하고 이끌어가는 지도자 자격은 없는 셈이다. 공동생활을 하지 않으면 사찰의 공동 과제를 해결할 수 없다. 수행자는 가람을 지켜야 하고 함께 노동하며 먹을 양식을 마련해야 하며, 무엇보다 함께 공부하고 정진해야 한다.

1950년대 60년대는 전쟁으로 대부분의 사찰이 불타 훼손돼 사찰 복원이 시급한 과제였다. 화주 받기도 쉽지 않고 돈도 없던 당시 사찰 복원을 위해서는 대중 전체가 나서서 일을 하는 수밖에 없었다. 낮에 모였다가 해가 지면 집으로 흩어지는 '생활인'들에게 사찰 일은 '내 일'일 수가 없고 당연히 사찰복원과 같은 큰일을 수행할 힘도 생기지 않는다.

반면, 비구승들은 사중의 일이 곧 자신의 일이다. 절이 곧 내 집이며, 함께 울력해서 얻는 생산물이 곧 내가 먹을 양식이다. 함께 사는 도반은 내가 혼자 할 수 없는 일을 함께 거드는 고마운 존재다. 함께 사는 도반이 없으면 나도 없다.

비구승과 대처승의 생활 차이가 사찰에서 어떻게 다른 힘으로 나타나는지 보여 주는 좋은 예가 1950년대 월정사다. 월정사는 6·25 때 석탑만 남기고 모두 불에 탔다. 대처승들은 지금은 없어진 월정리 삼거리에 마을을 이루고 살며 월정사를 차지하고 있었고, 비구승들은 상원사 선원에서 공부했다. 1955년 정화 이후 폐허가 된 월정사에서 서로 구역만 나누어 살았는데 비구승들은 그 어려운 과정에서도 대웅전 불사를 단행했다. 낮에는 오대산에서 나무를 베어 목재를 다듬으며 불사를 했고 밤에는 공부했다. 힘들었지만 결국 불가능한 일을 함께 해냈다.

사찰을 승가의 원융공동체로 만드는, 정화의 본질을 가장 잘 실현한 분이 바로 금오 스님이었다. 1956년 봉은사를 나온 금오 스님은 1968년 입적할 때까지 10여 년간 화엄사, 동화사, 법주사 등 주요 사찰에서 제자들과 함께 살며 비구승들의 수행가풍을 되살렸다. 단지 참선 수행만을 강조한 것이 아니라 비구승들의 의식과 생활양식을 정립했다. 바로 승가공동체다. 가족도 재물도 가진 것 없이 대중과 함께 더불어 사는, 무소유의 승가공동체를 금오 스님은 사찰을 돌며 정립하고자 했다. 이것이 금오 스님이 애초 '수좌전용 사찰' 18곳을 주장한 근본 이유였다.

대중생활, 원융살림, 참선수도의 승가 전통을 회복하기 위한 본격적인 행보가 화엄사에서 시작됐다. 한국의 조계종을 흔히 조사(祖

폐허의 가람에서 도제양성에 전념하신 금오 선사

師)불교라고 한다. 뛰어난 선지식을 모시고 제자들이 산문(山門)을 이루고 사는 선(禪) 수행 가풍을 일컫는다. 폐쇄적인 문중 중심주의라는 비판도 있지만 스승과 제자 간의 도제식 교육, 농사를 통한 자급자족 등 선종 수행가풍에 들어맞는 방식이다. 대처승 종단 아래서는 이러한 조사선 가풍을 제대로 이어가기가 쉽지 않았다. 많은 대중을 거느리기 위해서는 넓은 가람과 경작지가 필요한데 비구승들이 갈 수 있는 토굴에서는 스승과 시봉하는 한두 명의 제자만 살 수 있었다. 조사를 중심으로 회상(會上)을 꾸리는 승가공동체 실현이 불가능했다. 대중생활, 총림 고유의 사찰운영은 정화 이후부터 가능했다.

봉은사를 떠난 금오 스님은 실상사 약수암에 잠시 머물다 대처승이 있던 화엄사를 정화해 들어갔다. 제자로 들어온 탄성 스님 월주 스님 등이 소임을 맡고 있었는데, 월서 스님을 비롯한 7명의 제자가 입산했다. 금오 스님이 이처럼 많은 제자를 한꺼번에 삼은 것은 처음이었다. 본사인 화엄사의 도량 규모가 많은 제자를 받아들일 수 있는 배경이 된 것이다. 불교정화가 사찰을 접수하는 데서 시작되는 이유가 여기서도 드러난다.

제자들이 기억하는 화엄사의 생활은 전통적인 선종 사찰 생활의 전형을 보여 준다. 참선 수행이 가장 우선이었다. 혜정 스님은 생전에 당시 생활을 이렇게 회상한 바 있다.

"한번은 울력을 하는데 한 수좌가 빠져 있어 데리러 갔더니 참선 정진 중이었다. 이를 말씀드렸더니 아주 좋아하시면서 그러면 가만두거라 하셨습니다. 잘못하면 공개적으로 굵은 회초리로 사정없이 내려치는데 못 견디고 도망간 이들도 많았는데, 당신이 정진에 철저하다 보니 제자들도 자연스럽게 참선을 최고로 여길 수밖에 없었습니다."

생활은 자급자족 농경이었다. 상좌들은 한결같이 화엄사에서 낫을 들어 풀을 베고, 나무를 베어 장작을 마련했다고 한다. 그리고 엄한 도제식 교육이 이루어졌다. 먼 길을 걸어 먹을 양식을 구해오게 하거나, 양식을 앞에 놓고도 못 먹게 하는 등 인내심을 길러주는 교육을 시켰다. 엄한 교육을 견디면 살아 남고 이를 버티지 못하면 하산(下山)하는 동양전통식 교육이었다. 스승과 제자 단둘이 있던, 토굴에서는 시행하기 어려운 교육이 본격적으로 이루어진 것이다.

절에서 독신수행승들의 집단 수행생활은 사찰의 모든 것을 바꾸어 놓는다. 함께 산다는 것은 함께 먹거리를 장만하고 동등하게 소비하며 같은 문화를 향유하는 운명공동체다. 자유로운 개인들이 다 같이 모여 같은 권리를 행사하는 공동체, 즉 '자유 공개 민주공동체'가 바로 수행공동체이다. 석가모니 부처님께서 세상에서 가장 이상적인 공동체로 승가(僧伽)를 세웠다.

승가는 올바른 수행을 하는 사람들의 화합된 단체를 뜻한다. 승가는 출가수행자인 비구 비구니 그리고 출가수행자를 받들고 부처님 가르침을 지키는 남녀 신자들로 구성된다.

1950년대 정화가 지향했던 목표가 바로 수행공동체 회복이다. 그러나 독신은 승가공동체 실현을 위한 필요조건이지 충분조건은 아니다. 결혼을 하지 않지만 대중들과 함께 하지 않거나 민주적이고 대중공의를 통해 사찰을 운영하지 않으면 진정한 승가공동체라고 할 수 없다. 독신으로 절에서 공동생활을 하며 반드시 참선 수행을 해야 한다. 그럴 때 수행공동체는 제대로 구현된다.

승가를 유지하는 원동력은 수행이다. 같은 목적을 가진 사람들이 정해진 규율에 따라 움직이는 모임을 조직(組織)이라고 정의할 때 승가도 조직의 일종이다. 조직 운영을 위해서는 돈이 필요하듯 승가도 돈을 필요로 한다. 하지만 주동력은 수행이고 돈은 보조 역할에 그칠 뿐이다. 그런데 수행이 흔들리면 보조제이며 윤활유에 불과한 돈이 주인 자리를 차지하는 본말전도(本末顚倒)가 일어나게 된다. 이를 방지하기 위해서는 엄격한 조직 운영원칙과 구성원들의 끊임없는 자기 단련이 필수적이다.

금오 스님이 오직 참선 수행만을 강조한 이유를 여기에서 찾아야 한다. 금오 스님은 승가가 원래 지향했던 수행공동체로 가느냐, 돈이 우선하는 조직으로 흐르느냐는 수좌들이 얼마나 참선 수행에 매진하고 계율을 지키느냐에 달려 있다고 본 것이다. 1958년 금오 스님은 화엄사 주지와 총무원장을 겸직했는데 6개월 만에 내려왔다. 그 이유를 금오 스님 상좌 설조 스님은 이렇게 설명했다.

> "총무원장을 하시면서 '어떻게 해야 하냐'고 교수에게 자문했는데 그분이 '총무원은 조직이고 조직을 운영하기 위해서는 돈이 있어야 하고 사람을 다스릴 줄 알아야 한다'고 하니, 스님은 '나는 그런 재주는 없다' 하시면서 그만두셨다."

월성 스님은 은사(금오)스님이 참선 정진을 위해서 총무원장을 그만두었다고 회고했다. 월성 스님은 "불교정화운동에 대해 사찰 이권이나 권력을 얻기 위한 것이 아니라 승의 근본이 성불에 있기 때문에 그 수행처를 구하기 위한 것에 지나지 않는다."고 회고했다.

제자들의 한결같은 증언은 금오 스님이 사찰을 수좌들이 참선 정진해서 성불하는 본래 목적을 달성하기 위한 수단으로 보고 있음을 말해 준다. 참선 정진에만 몰두하는 수좌들로 가득하면 수행공동체는 자연스럽게 이루어진다. '오직 참선해라, 아침에도 낮에도 밤에도 참선해라'는 금오 스님의 가르침은 수행자의 본래 목적이 성불에 있기 때문에 참선을 강조한 것이지만, 수행자가 참선하지 않을 때 사찰 본래 모습, 정화의 본래 정신, 수행자의 본 모습을 상실할 것이 불을 보듯 명확했기 때문에 이를 경계하는 뜻도 숨어 있다.

수행자가 수행하지 않으면 어떤 결과를 초래하는지는 오늘날 일부 승려들의 모습에서 쉽게 볼 수 있다. 처자식 먹여살리고 교육시키느라 새벽부터 밤까지 일하는 세속의 가장들이 짊어져야 하는 의무도 없는데, 공부까지 하지 않으면 그 많은 시간을 어디에 쓰겠는가? 신도들의 시줏돈은? 그래서 성철 스님은 '수좌가 공부하지 않으면 지옥간다'고 무섭게 경책했다. 선사들은 '참선공부에 빠지면 시간 가는 줄 모르고, 먹지 않아도 배부르고, 잠을 자지 않아도 되며, 여자도 생각나지 않는' 세상에서 가장 좋은 공부라고 했다. 금오 선사가 참선공부를 그토록 강조한 이유를 지금이라도 다시 새기고 널리 알려야 한다.

금오 스님이 왜 세상을 향한 자비를 말하지 않았겠는가? 스님 역시 인간에 대한 뜨거운 애정과 사회에 대한 관심, 어려운 이웃에 대한 자비심을 강조했다. 상좌 월주 스님은 이렇게 회고했다.

"큰스님은 늘 여법하게 율행을 지키는 실천모범을 보이시는 것과 같이 원칙적으로 계율을 잘 지켜야 한다고 강조하셨다. '계율의 기본 정신은 대자비심이다. 대중과 동고동락하는 마음 씀씀이와 생활태도를 잘 지키는가를 중요하게 여겨야 한다'고 하시면서 작은 격식으로서의 계율을 지키지 않는다고 까다롭게 하지는 않으셨다."

금오 스님의 법문에서도 대자대비한 마음이 잘 드러난다.

"수행에는 보시법을 빠트릴 수 없나니 보시는 한없는 공덕과 복락을 안겨다 준다. 견성성불하여 부처가 되려고 하면 보시법을 터득하여 보다 깊고 넓게 감행해야 한다."

"일체중생을 제도하되 병든 자에게는 약풀이 되고 허기진 자에게는 음식이 되며, 소낙비 같은 총알 속에서는 방패가 되며, 죽음과 칼 독약 화약 따위가 올지라도 갖가지의 몸이 되어 막고 보호해야 하느니라."

성불의 이유가 분명하다. 중생제도, 즉 한량없는 자비심이다. 그래서 금오 스님을 참선하라는 말밖에 하지 않는 '참선 절대주의자', '세상의 어려움은 외면하는 은둔의 도인'으로 폄하할 것이 아니라 스님이 왜 참선만 하라고 가르쳤는지 그 뜻을 헤아려야 한다. 그것이 오늘날 금오 스님을 통해 배워야 할 가치다.

아무것도 소유하지 않고 참선만 하는 수행자는 무서운 것이 없다. 이미 삶과 죽음은 넘어섰고 세속의 분별도 넘어선 지 오래다. 학식이 크고 넓으며 인품이 훌륭한 스님은 여러 사람의 존경을 받고 향기가 가득하다. 하지만 선사에게는 그조차 분별일 뿐이다. 어디에도 거칠 것이 없다. 이것이 임제선(臨濟禪)의 문화다.

화엄사 주지 시절 수좌 금오 스님의 곧은 기개를 보여 주는 일화가 전해온다.

화엄사 입구에 여관이 세워지고 있었다. 이를 본 금오 스님은 여관 주인을 찾아가 상좌들을 시켜 여관 팻말을 치우도록 했다.

"사찰 앞에 이 무슨 해괴망측한 일인가? 여관이 세워지면 여자들이 왔다 갔다 할 것이고, 노래와 가무가 끊임없이 이어질 것인데 정신이 똑바로 박힌 사람이라면 어찌 이와 같은 일을 할 수 있는가. 사찰 앞에 여관을 짓는 것은 어떠한 이유에도 허용할 수 없다."

경찰이 책임을 물으려 했지만 부처님 계신 곳을 함부로 기만했다는 죄를 물어 스님이 오히려 호통을 쳤다. 서장이 사과했다.

수행자는 물질은 물론 권세도 부(富)도 없지만 역설적으로 가진 것이 없어서 세속의 그 어떤 힘보다 강하다. 수행 제대로 하고 계율 철저한 수행자를 억누를 힘은 세상에 없다. 사람 목숨도 좌우하던 절대 권력자 박정희·전두환 두 전임 대통령도 성철 스님을 함부로 하지 못했다. 친견하기 위해서는 대통령마저도 3,000배를 해야 한다는 추상같은 원칙 앞에 두 '절대 권력자'는 아무런 권력도 힘도 사용할 수 없었다. 세속의 권력, 물질이 함부로 들어가지 못하는 절대 신성

후학 양성에도 앞장 선 금오 선사가
수계법회 후 제자들과 함께 한 모습

(神聖)의 영역을 구축하는 것이 바로 정화다. 그리고 수행자의 위상은 세상을 압도하고 남는다. 금오 스님은 사찰을 수행공동체로 회복하는 한편 땅에 떨어진 수행자의 위상까지 올려놓은 것이다.

이처럼 화엄사에서 금오 스님은 당신이 정화를 통해 이루고자 했던 사찰운영 원칙, 수행자들의 생활을 제대로 복원시켰다. 그러나 생계가 걸린 대처승들은 순순히 물러나지 않고 소송으로 끝없이 괴롭혔다.

그러자 스님은 제자들과 함께 인근의 거창 연수사로 옮겼다. 연수사는 낡고 허름한 법당 외에는 아무것도 없는 절터였다. 스님은 그곳에 다시 절을 지을 생각이었지만 돈도 기술도 없었다. 모두 불가능하다고 만류했지만 스님은 상좌들과 함께 밤낮으로 산에서 나무하고 탁발하며 식량을 구해 불사를 했다. 불가능하다고 여겼던 법당 불사가 불과 몇 개월만에 끝났다. "그곳에 절을 지으면 내 손에 장을 지지겠다."고 장담했던 지역의 '큰스님'들도 놀라서 그 법력을 인정할 정도였다.

나무 한 그루 살 돈 없고 식량조차 없었던 당시, 모두가 불가능하다고 했던 일이 눈앞에서 이루어졌다. 다들 금오 스님의 법력이라고 칭송했다. 법력이 나온 원천은 대중이었다. 똑같은 환경과 똑같은 무게의 책임을 지고 동등한 권한을 누리는 수좌들의 운명공동체가 기적과 같은 힘을 발휘했던 것이다.

이처럼 정화는 보이지 않는 곳에서 엄청난 기운을 뿜어냈다. 스님들은 참선하며 함께 공부하고 일했으며, 이를 지켜보는 지역민들은 저절로 존경하는 마음을 냈다. 아무리 어려운 상황도 헤쳐 나갔다. 사찰은 윤기가 돌았고 무너졌던 법당이 다시 일어났다. 금오 스님의 정화가 불러온 변화였다.

쉼 없는 정진

거창 연수사에서 한겨울을 난 금오 스님과 제자들은 1960년 대구 동화사로 옮긴다. 일흔을 바라보는 노스님이 머물기에 연수사는 너무 열악했다. 종단에서도 노스님에 대한 걱정이 컸다. 마침 동화사 주지스님이 깊은 병이 들어 선학원에 있던 범행 스님이 주지를 맡고 금오 스님을 조실로 모시게 했다. 대구 시내 동화사 포교당 보현사에 머물며 동화사 금당 조실로 납자들을 지도했다.

그런데 얼마 뒤 4·19가 일어나 동화사와 금오 스님은 대처승의 반격에 직면한다. 1960년 4·19는 조계종단에 큰 시련을 안긴다. 비구 종단을 발족시키는 데 기여했던 이승만 정권이 무너지면서 대처승과 그 가족들이 전국의 사찰을 다시 강제 접수한 것이다. 동화사에는 가족 등 100여 명이 몰려왔다. 수좌는 겨우 30명에 불과했다. 금오 스님은 맞대응하지 말고 때리면 맞고 절대 동화사를 벗어나서는 안 된다고 다짐을 시켰다. 대처승들은 비구승들을 한 명씩 붙들고 산문 밖으로 내동댕이쳤다.

마침 금오 스님을 따르는 육군 중령 석대오 거사가 대구 지역에 주둔하고 있어 그 도움을 받을 수 있었다. 그렇게 해서 스님은 동화사에 다시 회상(會上)을 세웠다.

금오 스님의 동화사 생활은 그리 길지 않았다. 1960년 4·19 직전에 들어가 1962년 하안거 무렵에 나왔다. 화엄사에서는 당신이 직접 제자들과 더불어 선찰(禪刹) 전통이 무엇인지를 몸소 보여 주었다면, 동화사에서는 사찰운영에서 한 발 떨어진 조실로 주로 수행을 점검하는 역할에 머물렀다. 시내 포교당 보현사에 머물며 동화사를 왕래하는 식이어서 당신이 직접 제자들을 가르치고 사찰운영도 돌보던 화엄사 시절과는 많이 달랐다. 세수도 60대 후반에 달해 기력도 예전만 못했을 것이다. 제자들은 그래서 화엄사 시절이 금오 스님의 절정기였다고 평한다.

동화사는 정화 후 1958년부터 효봉 스님과 상좌들이 금당(金堂)에 주석하며 정진했었다. 설석우 스님 입적 후 1956년 조계종 종정

● 석대오 거사와 함께한 금오 선사

에 추대된 효봉 스님은 양주 흥국사에 머물다 건강회복을 위해 1958년부터 동화사 금당에 머물렀다. 건강을 회복한 뒤 1960년 통영 미래사로 옮긴 뒤 금오 스님과 권속들이 동화사로 온 것이다. 4·19 이후 다시 쳐들어온 대처승을 석대오 거사의 도움으로 평정한 스님들은 동화사에서 정진했다.

금오 스님이 동화사 조실로 주석할 때 총무원장을 역임한 지관 스님이 강주로서 학인을 지도했는데, 금오 스님의 성품을 보여 주는 일화가 전해온다.

지관 스님은 동화사에서 율장을 강의했다. 율사로도 명성이 자자한 금오 스님도 특별학인 신분으로 강의를 들었다. 호랑이처럼 무섭고 엄격했던 선사였지만 배움 앞에서는 모든 권위와 선입견 차별을 내려놓고 학인신분으로 돌아갈 정도로 막힘 없고 경계에 걸림 없는 선사였다.

1960년 겨울, 종단은 큰 위기에 직면했다. 이승만 정권이 무너진 후 사찰에서 물러갔던 대처승들이 다시 밀고 들어와 혼란스럽던 차에 사법부마저 1955년 대한불교조계종의 출범 절차가 잘못되었다며 대처승에 유리한 판결을 내리게 된다. 비구 대처 대표로 구성된 위원회에서 비구승 체제의 조계종단을 출범시켜 5년이 지났는데 대법원에서 대처승 대표 구성에 문제가 있었다며 조계종의 법적 정당성을 부정한 것이다. 극한으로 내몰린 비구승들은 1960년 11월 조계사에서 순교를 각오하고 단식투쟁에 들어갔다. 청담 스님이 이끈 순교단 속에는 금오 스님의 상좌 월탄 스님이 있었다. 월탄 스님은 해인강원에서 공부하던 중 종단이 위태롭다는 소식을 듣고 조계사에 들어가 울분을 못 이겨 순교를 자원했다. 그리고 대법원 주심대법관 사무실에서 5명의 비구와 함께 할복으로 순교를 감행한다. 그 유명한 '6비구순교사건'이다. 순교 소식을 듣고 조계사에서 달려온 비구 비구니 재가자들이 대법원으로 밀고 들어가고 서울 전경찰이 동원돼 진압한, 4·19와 더불어 1960년 가장 큰 사회 문제로 비화된 사건이었다.

순교를 감행한 월탄 스님 등 6비구는 몇 개월간의 수감생활을 마치고 이듬해 풀려난다. 풀려난 월탄 스님은 곧바로 은사가 계신 동화사 내원암으로 갔다. 월탄 스님은 당시를 이렇게 회고했다.

"찾아가니 은사스님께서는 '죽은 보살 중놈이 다시 살아왔다'며 크게 기뻐했다. 큰스님께서는 '이 늙은 중이 해야 할 일을 네가 대신했구나, 이제 네 모든 업장이 소멸되었을 것이다'며 감옥살이는 견딜만 했느냐고 물었다. 이에 '염념보리심(念念菩提心)이면 처처안락궁(處處安樂宮)이라'는 생각으로, 그리고 스님께서 내려주신 '이뭐꼬' 화두를 벗 삼아 오히려 밖에 있을 때보다 독방 감옥이라 고요하여 참선하기가 좋았다고 답하자 '허허 타고난 중놈이구나' 하며 기뻐한 금오 스님은 장삼 자락에서 돈을 꺼내 주었다."

할복에다 진압 과정에서 맞은 상처가 낫지 않은 제자의 건강을 위해 치료비 명목으로 용돈을 준 것이다. 월탄 스님은 제자에게 돈을 주던 은사가 눈물을 보였다며 눈시울을 붉혔다. 나이가 들어 '지리산 호랑이'로 불릴 정도로 무섭던 기개가 꺾인 것일까? 아니면 원래 따뜻하고 인자했던 성품을 그간 내색하지 않았던 것일까? 제자 앞에서 눈물까지 보일 정도로 노 선사는 종단을 사랑하고 제자를 아꼈다.

동화사에 머물던 1961년 11월 스님은 캄보디아에서 열린 제6차 '세계불교도대회'에 한국 수석대표로 참석했다. 귀국 길에는 싱가포르와 대만 일본 등 여러 나라를 들러 불교계 현황을 두루 살폈다. 6차 대회에는 청담 스님, 이기영 박사 등과 함께 했다.

1962년 여름 금오 스님은 결제를 며칠 앞두고 동화사를 떠난다. 금오 스님을 이어 전강(田剛) 스님이 동화사 조실로 추대됐다. 금오 스님과 전강 스님은 여러 모로 닮았다. 금오 스님은 1896년 전남 강진에서 태어났으며, 전강 스님은 그보다 2년 뒤인 1898년 전남 곡성에서 태어났다. 공교롭게도 속성(俗姓) 마저 똑같이 정(鄭)씨다. 두 스님 모두 제방의 선지식을 찾아 참방하며 정진했는데, 당대의 고승 한암·용성·혜월 선사 회상에서 정진하고 마지막으로 덕숭산에서 만공 스님으로부터 전법게를 받았다.

다른 점은 금오 스님은 보월 스님 입적 후 만공 스님으로부터 보월 스님의 제자임을 인정받았고, 전강 스님은 만공 스님으로부터 전법게를 받은 사실이다. 그 뒤 1930년대 두 스님은 선원의 조실로 제방의 납자들을 지도했으며 정화 이후 화엄사 주지를 번갈아 맡았다. 동화사 조실 역시 금오 스님을 이어 전강 스님이 맡는 등 걸어온 발자취가 아주 비슷했다. 두 선사 모두 근현대 한국불교 선종사에 큰 자취를 남긴 선지식이다.

그럼에도 불구하고 엄연히 따르는 제자 권속이 다른 두 스님이 앞뒤로 조실을 맡는 것은 요즘 같으면 상상도 못할 일이다. 다른 문도 어른을, 그것도 스승이 있는데 다른 스님을 모시는 일은 지금은 꿈에서도 불가능하다. 하지만 당시는 달랐다. 법을 갖춘 선지식을 모시는 데 문중 스승 어른을 따지는 것이 더 이상한 일이었다. 이것이 원래 불교 전통이었다. 법을 갖춘 스님이 있으면 찾아가 가르침을 받고 스승으로 모셨다. 법을 찾는 데 스승 제자, 법랍, 문중 격식 같은 것은 모두 허상이요 분별일 뿐이다. 아니 이는 불교도 선(禪)도 아니다. 모든 차별과 분별을 뛰어넘어 오직 법으로 대하고 교류했던 선문(禪門)이었다.

그런데 선가의 전통이 어느 순간 세속에 젖어 문도와 본사라는 거대한 벽을 쌓았다. 그 결과 수행을 바탕으로 한 선가 본래 전통인 법(法)이 물러나고 세속의 법과 인정(人情)이 차지했다. 총림 방장마저 법력은 모자라더라도 해당 문중 어른을 모시는 것이 당연한 법도로 자리 잡았다.

이제 아무리 뛰어난 선지식이라도 소속 문중이 아니면 방장이나 조실에 오르기 어렵게 됐다. 해인총림 초대 방장 성철 스님도 해인사 출신이 아니지만 오직 법(法)과 수행 하나만 보고 여러 스님들이 간청해서 모셔왔다. 이제 그 일은 꿈속의 추억으로 남았다. 아름답던 전통이 어쩌다 흔적도 없이 사라졌을까? 법(法) 대신 밥(食)이, 불교 대신 유교가 들어섰다고 하면 과장일까? '하버드에서 화계사로 온' 현각 스님이 한국불교의 물질주의 유교주의를 신랄하게 비판했다. 금오 스님이 계실 때는 없던 일이다.

불과 50여 년 전만 해도 법은 이렇게 시퍼렇게 살아 있었다. 금오 스님은 "내가 여기(동화사)에 살러 온 것이 아니네." 하며 동화사를 떠났다. 물론 인정(人情)에서 보면 도리가 아니고 섭섭할 수도 있다. 하지만 생사를 건 정진과 철벽에 막혀 오도가도 못하는 제자를 한방에 수억 겁의 어둠에서 건져내오는 법력만이 스승과 제자를 구분짓던 '법의 시대' '선의 시대'는 아무런 문제가 되지 않았다. 금오 스님이 정화를 통해서 진정으로 원한 종단과 문화가 바로 이런 것이 아니었을까? 하지만 선법(禪法)은 희미해져 가고 덩달아 정화의 본질도 흐려져 갔다.

적상산 태백산 거쳐
서울로

동화사를 나온 금오 스님은 몇몇 상좌를 데리고 전북 무주의 한 토굴로 옮겼다. 당시 금오 스님을 모시고 갔던 월서 스님(원로의원)은 "차가 다니지 못할 정도로 험한 길을 걸어서 갔던 기억이 생생하다."고 말했다. 의왕 청계사에 스님의 상좌가 주지로 있었지만 금오 스님은 토굴로 갔다. 그 이유에 대해 월서 스님은 "큰스님께서 토굴 정진을 좋아하셨다."고 말했다. 스님의 토굴 정진은 한동안 계속된다.

무주 토굴을 나온 스님은 태백산 각화사 동암으로 옮긴다. 그곳에는 제자 월초·월성·월남이 정진 중이었다. 스님은 '자급자족해야 한다'며 밤낮으로 산을 개간했다. 여기서도 수월·혜월 선사의 기풍이 금오 스님에게 평생 살아 있음을 본다. 400~500평의 밭을 지어 메밀을 심었다. 월성 스님은 동암에서 은사와 인연을 이렇게 회고했다.

"한번은 장작할 나무를 베러 산에 갔는데 그야말로 큰스님은 사사건건 간섭했다. 주장자로 가리키며 '여기를 베라, 저기를 베라' 귀찮을 정도였다. 그때는 다른 사찰로 옮길 무렵이었는데 그날도 금오 스님은 나무를 하러 가자고 했다. 이에 '이제 여기를 떠날 건데 왜 나무를 합니까?' 하고 반문하니 금오 스님은 이렇게 말했다. '네놈이 여기 왔을 때 장작이 있었나? 네놈이 그랬듯이 다른 수좌가 또 올텐데 미리 장작을 해놓아야 할 것이 아니냐? 이 일은 남의 일이 아니라 네가 할 일이다.'"

금오 스님은 동암에서 3년을 주석했다. 이제 일흔을 앞둔 스님의 건강이 많이 나빠졌다. 더 이상 깊은 산중 토굴에서 정진하는 것은 어렵게 됐다. 선법(禪法)이 살아 있는 종단으로 만들고자 했던 선사는 기력이 쇠잔해졌다. 아직, 제자들 공부는 덜 되고 종단도 불안정하기 짝이 없는데 육체는 말을 듣지 않았다. 그 중에서도 참선 잘 하려고 정화했는데 종단 실정이 선사의 바람과는 다르게 흘러가는 것이 가장 힘들었다. 스님의 발길은 서울로 향한다. 마지막으로 종단을 향해 노선사의 사자후가 울려 퍼진다.

1962년 어렵게 통합종단이 출범했지만 불안정했다. 대처승이 물러나고 종단이 비구승으로 대체되었지만 달라진 것은 없었다. 정화종단이 나아갈 길도 확정되지 않은데다 사회는 급격하게 변모했다. 의욕은 넘쳤지만 경험도, 실행할 무기도 없었다.

1962년 군사정부의 중재아래 겨우 대처승 일부가 참여하는 통합종단이 출범하고 1963년 말부터 종단이 나아가야 할 목표로 '도제양성' '역경' '포교'가 3대 지표로 선정됐다. 3대 지표를 추진하기 위해서는 이끌어 갈 인재가 필요하고, 재정이 뒷받침되어야 하며, 흔들리지 않는 조직이 필요했다. 하지만 당시 종단은 셋 모두 절대적으로 부족했다. 여기에다 통합종단에 합류하지 않은 대처승들이 소송을 벌여 그나마 있던 재정은 변호사 비용 대기에도 벅찼다.

가장 큰 문제는 정화의 본래 목적 상실이었다. 개인화 세속화 된 사찰을 독신비구승들의 참선수도 공동체로 변모시키는 것이 정화의 가장 주요한 목적이었는데, 돌아가는 모양새는 전혀 딴판이었다. 사유화 주체가 대처승과 그 가족에서 비구승 권속으로 바뀌었을 뿐, 수좌들에게 사찰은 여전히 높은 벽이라는 우려의 목소리가 터져 나왔다.

특히 총림 설치 등 선 수행 가풍을 되살리기 위한 종단 차원의 조치는 전혀 진척이 없었고, 종단 지도부에는 정화와 관련 없는 인사

청계사에서 노년의 금오 선사

들이 대거 들어갔다. 정화 주도 세력은 오히려 과격분자로 낙인 찍혀 지방 토굴을 전전해야 했다.

정화를 이끌고 참선 정진에 매진했던 금오 스님은 종단의 잘못된 모습에 실망을 넘어 분개했다. 1963년 서울 상도동 백운암에 주석하고 있던 금오 스님은 어느 날 몹시 화가 나 종단 총무국장으로 있던 상좌 혜정 스님을 급히 불렀다. 스님은 총무원 승려들이 정신을 차리지 못하고 있으니 도끼로 총무원 기둥을 자르겠다며 수좌들을 데리고 총무원으로 가려 했다. 혜정 스님은 "제가 총무원 간부들의 정신을 바꾸어 놓을 테니 기다려 주십시오."라며 간신히 만류했다. 금오 스님의 눈에는 눈물방울이 맺혔다고 한다.

이어서 1964년 금오 스님은 「불교신문」에 정화를 한 이유와 가야 할 방향을 밝힌 글을 싣는다. 선사는 오직 수행만이 승려의 목적이며 참선 정진처를 구하고 만드는 것이 정화의 목적이었음을 다시 한 번 강조했다. 금오 스님은 대처승들이 수좌들에게 정진할 수도처를 양보하지 않아 정화를 일으켰는데 비구 종단 역시 수도처를 주지 않는 데 대한 실망을 토로한다.

이 글은 금오 스님의 상좌인 박경훈 선생이 당시 「불교신문」 편집국장으로 근무할 때 실었다. 박경훈 선생은 금오 스님이 이 글을 자신에게 건네주며 한 글자도 고치지 말고 싣도록 주문했다고 한다.

그런데 글 말미에 '우거(寓居)'라는 표현이 눈에 띈다. 자기가 사는 집을 낮추어 표현하는 말이기도 하지만, 남의 집에 잠깐 몸을 부쳐 사는 곳을 일컫기도 하는데, 동화사를 나온 뒤 궁벽한 토굴 암자만 찾아다닌 노선사에게 당시 궁벽하기는 마찬가지였던 청계사도 잠시 의탁한 곳으로 생각했던 듯하다. 경허 선사가 출가했던 청계사는 경허-만공-보월 선사의 정통 맥을 이은 문손(門孫)으로서 남다른 애착과 정이 갔던 곳이다.

수좌들이 공부할 곳이 없다는 지적은 금오 스님뿐 아니라 법정 스님도 같은 지적을 한다. 법정 스님은 1964년 10월 25일자 「불교신문」에 "아 부처님 정화의 이름으로 얻은 이 혼탁과 부끄러움을…"이라는 제목의 글에서 대중처소가 독살이로 전락하고 속세권속에 사로잡힌 관념으로 인해 '백'이 없으면 방부조차 들일 수 없다고 한탄했다. 스님은 "사원이란 특정인의 소유나 개인의 저택일 수 없으며 오직 수도자가 도업을 이루기 위해 한데 모여 서로 탁마해가며 정진해야 할 청정한 도량이라"고 지적하며 "이러한 사원이 소수의 특정인에 의해 수도장으로서 빛을 잃어가고 있는 것이 이제는 하나의 경향을 이루고 있습니다. 자기네 패거리의 식성에 맞는 몇몇이서만 도사리고 앉아 굳게 문을 걸어 닫고 외부와의 교통을 차단한 채 비대해져 가고 있습니다."라고 한탄했다.

노스님과 젊은 수좌의 한탄처럼 종단은 갈길을 잃고 휘청거렸다. 출가 후 단 한 순간도 옆길로 가지 않고 부처님 가르침대로 빈틈

없는 수좌로 살았던 노선사는 건강이 나빠져 청계사에 몸을 의탁하면서도 종단을 잊지 못하고 다시 한 번 죽비를 높이 들었다.

다음은 "한국불교정화지정안(韓國佛敎淨化之正眼)"이라는 제목으로 「불교신문」 1964년 7월 19일자에 실린 기고문이다.

"돌이켜 살펴보라. 정화(淨化)의 목적이 어디 있었던가. 종단(宗團)의 정화가 십 년을 넘지 않고 있고, 그때의 뜻은 생생하지 않는가? 누누이 정화의 목적을 여기서 되새길 필요도 없이 우리는 모두가 그때, 사무치는 불자된 의무에 떨지 않았던가.

승려라 함은 세상만사(世上萬事)를 헌신짝같이 던져 버리고 수도(修道)로써 그 목적을 삼을 뿐이오, 그 외의 어떤 것도 출가자(出家者)의 바라는 바는 아닌 것이다. 그러나 근래에 와서는 주지를 사는 것으로 장기(長技)를 삼는 주지승(住持僧)이 있는가 하면, 사무승(事務僧)이 있고, 무사방일승(無事放逸僧) 등등 이루 헤아릴 수 없는 승명(僧名)이 대두되고 있다. 물론 종단을 움직이고 우리의 정화불사를 보다 체계 있고 원만하게 회향하려면 사무승도 있어야 하고 주지승도 있어야 한다. 따라서 이러한 스님들에게 깊은 감사를 드리는 바이지만, 그것으로 인하여 우리의 승려된 본지풍광(本地風光)을 잃어서야 그 주지의 직무와 사무가 무슨 필요가 있겠는가. 가슴 아픈 일이 아닐 수 없다.

정화불사(淨化佛事)를 일으킨 천오백 승려 중에 이를 참으로 통탄하는 자가 있는지 나는 의심스럽다. 작년에 전북 금산사(金山寺)에서 20여 명이 안거(安居)를 하는 용상방(龍象榜)에는 내가 조실로 기재되어 있었다. 조실은 마땅히 대중으로 하여금 참선 공부를 위시한 모든 수도생활의 계발을 근기에 따라 이끄는 데 책임이 있는 것이다. 나는 마땅히 그 일에 전심할 것을 대중에게 알렸고 대중은 나를 따라 공부에 더 한층 힘쓸 것을 바랬다. 그러나 주지와 총무들이 애당초 선(禪)에 뜻이 없었고 나는 자연히 뒷방 늙은이가 되었다.

비단 금산사뿐이 아니다. 전국 사찰의 거의가 참선도량으로보다는 주지승과 사무승과 무사방일승들이 집거(集居)하여 있고, 공부에 힘을 기울이는 선원은 몇몇 뿐이다. 총무원을 비롯하여 전국의 승려는 오늘 참선하는 것을 잃어버리고 있는 것 같다. 이에 선방을 잃은 수좌 20여 명을 데리고 상경하여 우리에게 선방을 달라고 했다.

마침 종회(宗會)가 있었고 전국 승려 가운데서 뽑힌 백여 명 승려들이 동국대학교에서 강습을 받고 있어 우리가 서로 선리(禪理)를 담론하고 선풍을 진작할 수 있는 기회를 얻은 듯하여 마음이 퍽 기꺼웠다. 이에 먼저 총무원의 모 부장스님을 만나 정화십년의 실태를 이야기하며 선원의 설치와 선풍의 진작, 그리고 총림

(叢林) 일이 급하다고 말했으나 여기에 대한 뜻은 조금도 없어 보였다. 그러니 고해에 빠진 중생은 누가 책임지겠는가? 거듭 열 번이고 스무 번이고 말하지만, 하나에도 선(禪), 둘에도 선(禪)이며, 셋·넷·열·백·삼천대천세계(三千大千世界)와 항하사(恒河沙)가 다할 때까지도 선뿐임을 부처도 말했고, 조사(祖師)도 말했다.

우리는 왜 모르는가. 20여 명 선방을 잃은 납자가 깃을 펼 암자를 달라는 목마른 소리에도 총무원은 외면을 하고 말았다. 총무원이 그러하니 전국의 승려가 어떠할지 능히 알고도 남음이 있는 것이다. 종회에 참석한 의원들에게도 나의 그런 뜻을 얘기했으나 귀 기울이는 승려가 없었다. 그러나 한편으로 총무원의 획기적인 쇄신과 과감한 용단을 바라면서 오늘에 이르렀으나 상금 일호(一毫)의 미동(微動)도 없으니, 이는 부처님의 혜명을 가리는 마구니 종자가 승복(僧服)을 입고 횡행하는 느낌을 불금(不禁)하는 바이다.

이제 정화는 부끄럽기 짝이 없는 일이 되어가고 있다. 왜냐하면 삼천을 헤아리는 대처자를 내쫓은 우리가 지금 공부에 마음이 없다면 내쫓긴 그들에 비해 무엇이 더 나은 것이 있어 정화를 하겠답시고 너스레를 필 수 있겠는가 말인가. 단지(斷指)하고 생각해 보라. 천여 명 대중이 단식을 하고, 혈서 육비구(血書 六比丘)의 할복(割腹)의 신심과 그 큰 원행(願行)은 오늘 어떤 결과를 빚었는가?

우리는 불조(佛祖)에 못지않은 믿음과 발원(發願)으로 출가하지 않았는가. 모든 부처님과 모든 조사는 오직 참선 수행하여 오도(悟道)하였음은 재론이 필요 없다. 또 불조의 중생제도도 이에 벗어남이 없음을 우리는 안다. 천상천하(天上天下)에 어디고 선을 버리고 다시 무엇으로 윤회와 고해를 벗어나겠다고 하는가. 선의 길은 곧 우리가 살아야 할 길이며 사는 길 바로 그것인 것이다. 선(禪)의 길을 등지고 그 진리를 말살하는 자는 불법문(佛法門) 중의 마구니이며, 불법을 알지 못한 이며, 중이라는 의미도 모르는 중이며, 거짓 사람인 것을 면치 못할 것이다. 삼계중생이 불법이 아니면 어느 곳에 가 살 것인지 추호라도 생각한다면 일천오백 정화승(淨化僧)과 그 무수한 신도들이 당시의 발원이 오늘 이렇게 황폐하지는 않으리라.

지금 여기 누가 있어 감히 불법이 우리 속에 역력히 살아 있다 하겠는가. 우울하고 초조함을 불금하는도다. 과거로부터 오늘에 이르기까지 부처님 정법(正法)에 인연이 깊은 모든 선남선녀 불제자에게 나의 이 간곡한 뜻을 보이노니, 우리 모두 불법을 바로 잡고 바로 배우고 바로 가르치며 행하는 만천하(滿天下)에 불법의 빛이 휘날리기를 빌어마지 않노라.

- '갑진성하(甲辰盛夏) 청계사우거(淸溪寺寓居)에서'

입적

　　금오 선사가 청계사에 주석한 때는 70세가 되던 1965년이었다. 건강이 예전만 못했던 스님은 음성 미타사에서 법문을 마친 뒤 여관 찬방에서 자다 그만 몸에 큰병을 얻고 말았다. 그해 가을 무렵이었다. 이 소식을 들은 범행 스님이 금오 스님을 급히 팔달사로 모셨다.

　　그러나 수원 팔달사에 오래 머물 수 없었다. 한 보살이 절에 병든 스님이 있으면 정월에 불공드리러 오는 신도가 없으니 다른 곳으로 가라며 떠민 것이다. 평생을 올곧은 수행 정진으로 도를 깨친 선지식도, 경허-만공-보월 선사로 이어지는 한국 정통 선맥을 이은 고승도, 속화(俗化)된 종단을 반석 위에 다시 세운 종단 정화의 주역도, 상좌들과 함께 평온하게 지낼 본사(本寺)가 없으면 물욕(物慾)에 눈먼 보살에게 밀려 떠나야 하는 것이 냉엄한 현실이었다.

육신이 급격히 나빠진 뒤에도 종단 걱정을 멈추지 않던 금오 스님에게 종정 취임 기회가 찾아온다. 1966년 효봉 종정이 밀양 표충사에서 열반에 들었다. 후임 종정으로 몇 분의 고승이 물망에 올랐는데 금오 스님이 유력하게 거론됐다. 하지만 선사는 단호히 거부했다. 그 과정을 당시의 「불교신문」은 이렇게 알려주고 있다.

"지난 14일 종단의 원로스님이며 부종정과 감찰원장 총무원장을 역임한 정금오 대선사는 본지 기자와 단독 기자회견을 가졌다. 본사 기자를 인견한 스님은 종단의 현안 문제를 위시하여 내일의 과제에 이르기까지 광범위한 의견을 교환하였는데, 특히 외세에 이끌려 밖으로만 뻗는 현 종단의 추세에 대해 안으로 사무치는 구도(求道)의 길이 소원되었음을 지적하고 이의 지양책이 하루 속히 강구 시행되어야 한다고 강조했다. 스님은 어떠한 이유에 의한다 해도 승려가 사원에서의 구도정진을 소홀히 하는 것은 용납될 수 없는 일이라고 강조했다. 스님은 '잘하는 가운데 더 잘했으면 하는 것이 사람 마음이지, 그런데 선방이 없어 수좌들이 모일 선방 없어. 수좌들이 갈 곳이 없어. 지금 종단은 포교나 종단을 밖으로 선양하는 일에 크게 떨치고 있지만 선방도 없고 그만큼 공부하는 수좌도 적어 외실내허(外實內虛)한 실정이지. 거죽이 큰 데 비해 속이 비면 존재가 위태로운 법이야. 지금 승단은 정화 때의 의기가 없어. 한곳이라도 제대로 된 선방이 있고 공부하는 수좌가 많아야 빈속을 채울 것 아닌가'라고 선방이 없음을 개탄했다. '나보고 종정 하고 싶어 한다는 사람도 있고 하라는 사람도 있지만 나는 종정 안 해. 종정은 나보다 할 사람이 많아. 나는 산에서 공부나 해야지'라고. 또한 종정(宗政, 종무행정)을 맡아 보는 스님들의 노고를 치하하고 격려하면서 '우리가 종무행정을 맡아 하는 것이나 주지를 하고 절 소임을 갖는 것은 모두 공부하는 스님들을 돕기 위해서야. 그런데 지금은 거꾸로 된 감이 있어. 주지를 살고 사무를 보는 것이 가장 중요한 일이 되었단 말이야. 소임을 살고 사무를 보고 주지를 하면서도 공부를 잊어서야 안 되지. 그리고 그분들은 스님들 공부를 도와주는 무주상(無住相)의 덕을 쌓도록 힘써야 하고 그것이 그 스님들의 공부가 아닌가'라고 했다."

-「불교신문」1966년 11월 27일자

몸이 불편하지만 스님은 여전히 종단 걱정을 떨치지 못했다. 3

금오 선사가 조실로 추대되어 만년에 주석했던 법주사

대 지표를 마련해 현대식 승가교육은 어느 정도 성과를 거두고 있었지만 총림은 여전히 말만 무성한 채 제자리걸음이었다. 종단 운영을 놓고 청담 스님과 경산 스님의 갈등도 깊어가고 있었다. 정화의 이상을 구현해야 한다는 청담 스님과 현실상황을 생각해야 하는 경산 스님은 각각 종정과 총무원장으로 종단 운영의 최일선에 나서면서 갈등이 극에 달했다.

1967년 제2기 집행부가 들어서면서 불국사 폭력사태, 화동파에 대한 종회의원 배분 등 이전에는 없던 불안요소까지 더해졌다. 하지만 금오 스님의 건강은 이제 이 모든 종단 상황도 후학들의 몫으로 남겨야 할 정도로 쇠약해졌다. 평생을 수행자로 올곧게 살아오며 모든 수좌들의 스승으로 존경받는 대선사의 마지막을 준비해야 했다.

문중의 욕심이 아니라 선사로 율사로 모든 면에서 한 점 흠결 없이 살며 종단을 위해 헌신한 비구승이 마지막에 지친 몸 쉴 곳 없다면 앞으로 입문하는 초심자들에게 종단을 위해 공심(公心)을 갖고 오직 참선에만 매진하라고 어떻게 가르칠 수 있을 것인가? 종단의 미래를 위해서도 제대로 수행하고 올곧게 산 수행자는 그에 걸맞은 대접을 종단 차원에서 해야 했다. 종단이 못 챙기면 상좌들이라도 나서야 했다. 스승을 위해서가 아니라 불교와 종단을 위해서라도.

탄성·월서·설조 스님 등 몇몇 상좌들이 팔을 걷고 나섰다. 큰스님을 본사로 모시기로 하고 당시 총무원장 경산 스님에게 부탁했다.

병환에 드셨으니 큰스님을 모실 본사가 필요하다고 간청했다. 하지만 당시 웬만한 본사는 문도 중심으로 정착단계에 접어들었다. 일제강점기부터 비구 고승이 주석하며 맥이 형성된 수덕사 범어사 월정사나 비구 대처승이 순조롭게 자리를 바꾼 총림급인 통도사 송광사 등은 애초 대상 사찰이 아니고 해인사 역시 총림이 설치됐다.

이를 제외한 사찰 중에서 적절한 곳을 찾아야 했는데 결국 추담 스님이 있던 법주사로 금오 스님을 모시고, 법주사에 주석하던 추담 스님은 신흥사로 가는 식으로 조정했다. 월서 스님은 당시 상황에 대해 이렇게 회고했다.

"큰스님께서 병환에 드셔서 모실 본사를 달라고 총무원장 경산 스님에게 말했지만 거절당한 뒤 탄성·설조·월전 스님과 종로경찰서 앞 백양다방에서 의논하고 총무원장실로 갔다. '정화의 주역인 금오 스님을 이렇게 박대해서는 안 된다. 큰스님을 모실 본사를 달라. 이것이 관철되지 못하면 우리는 여기에서 물러나지 않겠다.' 그리고는 그날 밤 나와 사형 탄성 스님 등 4명이 원장실에서 밤새워 투쟁했다. 그 다음 날 총무원장스님이 인사발령을 내렸다."

1967년 스님은 속리산 법주사 조실을 맡아 정진처를 옮겼다. 법

● 금오 선사의 종단장

주사에는 금오 선사의 수행과 법력을 흠모하여 찾아드는 도속(道俗)으로 인해 항상 법석(法席)은 붐비고 회상은 날로 융성했다. 하지만 병세는 점점 짙어져 육신의 옷을 벗을 날이 다가왔다. 이를 안 금오 선사는 입적을 앞둔 어느 날 월산·탄성·월만(月滿)·월고(月古)·월성(月性) 등의 문도들을 한자리에 모이게 했다. 그리고 묵묵히 계시다가 대중을 돌아보며 오른손을 들어 손바닥을 펼쳐보었다.

홀각본래사(忽覺本來事)
불조재하처(佛祖在何處)
두리장건곤(肚裏藏乾坤)
전신사자후(轉身獅子吼)
불립(不立) 불사(不捨) 불휴(不休)

이때 제자 월산은 이렇게 적어 올리고 뒤로 물러서서 세 번 절을 했다. 이를 보고 금오 선사는 다시 대중을 돌아보면서 말씀하셨다.

"제반사(諸般事)를 월산에게 부촉(咐囑)하노라."

월산 스님은 이에 금오 선사를 향해 말씀을 올렸다.

"바라옵건대 저희들을 위하여 더 좋은 말씀을 내려주시기 바랍니다."

"나는 무(無)를 종(宗)으로 삼고 기타사(其他事)는 여(汝)에게 부

● 금오 선사의 종단장에 운집한 사부대중

탁하노라."

금오 선사는 그 순간 아무 말씀이 없이 누워, 손가락으로 벽에 걸린 불자(拂子)를 가리키고 다시 월산 스님을 돌아보았다. 월산 스님에게 금오 스님이 내린 전법식이었다.

한국불교 정화운동의 주역이며 한국 간화선의 법통을 경허-만공-보월 선사로부터 이어받은 금오 선사는 월산 스님에게 가풍을 전한 뒤 10일 뒤 1968년 10월 8일(음력 8월 17일) 저녁 7시 15분 속리산 법주사 사리각에서 입적했다. 세수 73세, 법랍 57세였다.

금오 선사의 장례는 종단장으로 봉행됐다. 1천여 개의 만장과 1만여 명의 조객이 참석한 가운데 다비식을 봉행했다. 종단장은 추도묵념과 약력 보고, 봉결사(奉訣辭), 법어, 조사, 분향, 문도대표 인사 순으로 거행됐다. 이날 영결식에 대해「불교신문」은 이렇게 보도했다.

"대한불교조계종 전 부종정 금오 대선사의 다비식이 지난 12일 속리산 법주사에서 고암 종정을 비롯, 종단 중진 스님과 각 신도단체 대표 등 수많은 조객들이 법주사 마당을 꽉 메운 가운데 엄숙히 거행됐다. 이날 식은 총무원 지천 스님의 사회로 창혼 및 착어독경은 석주 스님과 일현 스님이 담당하고, 벽안 종회의장의 약력 보고와 영암 총무원장의 봉결사, 고암 종정의 법어에 이어, 각계 대표의 헌화 및 조사 등의 순으로 진행됐다. 조사에 나선 전 종정 청담 스님은 '종단 3대 사업 등 중대한 불사를 누구더러 하라고 홀연히 떠나십니까'라고 금오 스님의 입적을 애도하는가 하면, 본사(불교신문) 이한상 사장은 '평소 스님의 법문 중 자기불성을 보고저 할진대 마음을 밖으로 구하지 말고 오직 안으로 비춰보라고 하신 말씀이 아직도 귓전에서 떠나지 않고 있는데 이제 스님을 잃은 우리 불자들은 마음기둥을 잃은 듯 허전하고 아쉬운 마음 금할 길 없다'라고 스님을 잃은 슬픔을 표했다. 법주사 주지 월산 스님은 문도대표 인사 중 울먹거리며 눈물을 감추지 못했는가 하면, 관광차 이곳에 온 관광객들도 함께 스님의 입적을 슬퍼해 주었다. 다비식은 복천암 쪽 법주사 다비장에서 집행됐는데 식은 12시 30분경 끝을 맺었다."

- 「불교신문」 1968년 10월 20일자

그리고 전설로 남았다.

제2부

정화, 그리고 선사의 사상과 수행관

금오 스님과 정화

금오 스님은 불교정화운동을 주도했다. 1954년 시작해서 1962년 통합종단이 출범하면서 마무리된 정화운동은 세 단계로 나눌 수 있다.

제1기는 수좌전용 사찰 18곳 할당을 주장한 1954년부터 비구승 중심의 대한불교조계종이 출범한 1955년 8월까지로 볼 수 있다. 이 시기는 비구승 본찰격인 선학원을 중심으로 대처승 총무원이 있던 태고사(오늘날 조계사)와 대립해서 이승만 대통령의 유시에 힘입어 비구 중심으로 조계종을 개편한 중앙 권력 재편기다. 이 시기는 비구승 중심으로 종헌종법을 제정하고 사찰 주지 인사권을 확보했지만 지방 사찰에 대한 영향력은 행사하지 못하는 불완전한 정화였다.

불교정화 운동에 앞장 선 비구스님들이 서울시내를 행진하고 있다.

제2기는 1955년 8월 이후부터 1961년 5·16 이전까지로 이 시기는 전국의 사찰에서 주지가 대처승에서 비구승으로 교체되던 시기다. 1960년 4·19까지는 이승만 정권의 지원에 힘입어 비구승들이 수적 열세를 딛고 지방 사찰 주지로 들어갔다가 4·19 이후 정권이 바뀌면서 물러났던 대처승들이 다시 사찰을 접수해 혼란이 격화되던 시기였다. 주지 취임 과정에 물리적 충돌이 발생하고 각종 소송이 난무했으며 혼란을 틈타 대처승과 그 가족들에 의한 삼보정재 유실이 심각했던, 정화의 부정적 측면이 고스란히 드러난 시기였다. 대처 측과 일부 학자들이 정화를 비판할 때 주로 거론하는 폐해가 이 시기에 집중적으로 일어났다. 하지만 부정적 모습만 있었던 것은 아니다. 물리적 충돌, 소송, 재정 유실 등 잘못된 모습 속에서도 사찰은 전혀 다른 모습으로 탈바꿈한다. 비구승들은 새로 들어간 사찰에 선원을 개설해 총림 식으로 운영하고 대처승들이 가족 중심으로 사유화하고 속화시킨 사찰을 전통적 방식의 원융살림을 회복하던 중요한 시기다.

제3기는 1962년 통합종단 출범 전후를 들 수 있다. 4·19 이후 혼란한 시국을 틈타 정권을 탈취한 군(軍)은 국가재건최고회의를 구성해 비구 대처 분쟁을 강제로 중단시키고, 1년여 간의 준비를 거쳐 비구승을 중심으로 일부 대처승들이 합류하는 형식의 조계종을 새로 출범케 한다. 이후 한국불교는 주로 종단 중앙을 중심으로 각종

제도를 정비하고 승려교육 포교 문화 등의 사업을 펼친다.

성격이 서로 다른 1, 2, 3기는 추진 주체 면에서도 확연히 구분된다. 1, 2기는 운동을 추진한 주체가 동일하며 3기는 많이 다르다. 1, 2기를 주도한 대표적 인물은 당시 선학원 조실 금오 스님, 동래 범어사 동산 스님, 통영 미래사 효봉 스님, 고성 문수사 청담 스님이었다. 그 중에서도 금오 스님의 역할이 두드러진다. 금오 스님이 핵심 역할을 수행할 수 있었던 데는 몇 가지 이유가 있다.

첫째, 비구승들의 본찰로 정화의 산실인 선학원 대표가 금오 스님이었다. 선학원은 일제강점기 때 우리 민족 고유의 임제선(臨濟禪) 전통과 독신비구승단을 지키기 위해 비구승 지도자들이 나서 세운 비구승의 본산이었다. 해방 후에도 대처승들이 중앙과 사찰을 장악하는 바람에 마음 놓고 공부할 도량은 물론 먹을거리도 없었던 비구승들은 서울에서 머물 곳이 선학원과 대각사밖에 없었다. 그래서 선학원에는 늘 전국의 선원과 토굴에서 온 수좌들로 북적였다. 선학원 조실이었던 금오 스님이 자연스럽게 수좌들로부터 정화운동의 대표 역할을 부여받은 것이다.

둘째, 금오 스님은 그 이전에도 수좌의 대표였다는 점이다. 금오 스님이 수좌들의 대표가 될 수 있었던 것은 당신 스스로가 가장 모범적인 수좌상을 보여 줬기 때문이다. 스님은 경허-만공-보월로 이어지는 한국 정통의 간화선맥을 이었으며, 청정 비구승이며, 계율에 엄격한 율사였다. 그리고 수행생활에서도 한 치의 빈틈이 없었다. 이러한 이유들로 인해 스님은 일제강점기 젊을 적부터 선원의 조실로 추대되어 제자들을 지도했다.

고산 스님(쌍계총림 방장)은 이와 관련해서 "금오 스님은 20~30여 명의 젊은 수좌들을 데리고 다녔던 것으로 기억됩니다. 당시는 교화승과 수도승, 사판승과 이판승으로 나누어지는 등 매우 어수선한 시기로 금오 스님은 거의 토굴을 찾아 수행만을 했는데, 상대적으로 생활이 힘들었던 젊은 수좌들이 금오 스님에게 불교정화운동의 필연성을 많이 강조했습니다."고 회고했다.

수좌들이 따르던 금오 스님은 동산·효봉·청담 스님 등 비구승의 대표적인 어른들에게 선학원에서 회합하자는 서신을 보내며 정화운동을 본격적으로 펼친다. 이처럼 금오 스님은 정화의 불씨를 당긴 주역이다.

이 불씨를 살려 대지를 불태워 새로운 종단을 일으킨 분은 청담 스님이었다. 6개월 만에 지방 사찰로 내려간 금오 스님에 이어 총무원을 맡은 청담 스님은 이때부터 1971년 겨울 입적 때까지 정화를 이끈다. 가장 어려운 시기에 가장 어려운 역할을 맡아 종단을 반석에 올려놓은 청담 스님을 일컬어 그래서 정화의 상징, 화신 등으로 부른다.

중앙의 변화와 더불어 지방 사찰에도 많은 변화가 일어나는데 그 중심에 금오 스님이 있었다. 금오 스님이 중앙을 벗어나 지방의 사

● 불교정화를 위해 운집한 스님들(앞줄 우측 네번째가 금오 선사, 1954년 8월 25일)

찰로 내려간 것은 정화의 본래 뜻이 수좌들이 마음 놓고 공부할 사찰을 갖는 데 있었기 때문이다. 수좌들은 대처승들이 주요 사찰과 종단 권력을 쥐고 있던 일제강점기와 해방 이후 제대로 된 사찰 하나 없어 궁벽한 암자나 토굴에서 지내야 했다. 거의 움막과 다름없는 토굴 암자에는 참선 정진하는 수좌들로 넘쳤지만 먹을거리조차 변변치 못했다. 어려운 경제 사정은 전쟁 후에는 더 극심했다.

반면, 대처승과 그 가족들은 넓은 토지에서 나오는 경제력으로 일본유학을 하고 학계·정계에 진출해 우리 사회의 지도층을 형성할 정도로 정치·경제·사회적으로 막강한 영향력을 행사했다. 그럼에도 불구하고 금오 스님을 중심으로 수좌들은 수좌전용 사찰 18곳 요구가 전부였다. 금오 스님은 대처승들의 요청으로 태고사(오늘날 조계사)에서 법문을 하는 자리에서도 수좌들이 마음 놓고 공부할 사찰 몇 곳을 할당해 달라는 정도의 요구만 했다.

이는 금오 스님 혼자만의 생각이 아니라 1951년 통도사에서부터 제기돼 당시 종정이던 만암 스님이 종단 지도부에 지시해 합의가 이뤄진, 당시 가장 합리적 대안이었다. 그런데 비구승들이 제기한 최소한의 이 요구가 해당 사찰 주지와 가족들의 반발로 인해 무산되면서 일이 커지고 복잡해졌다.

수좌전용 사찰이 당시로서는 가기도 힘들고 규모도 작은, 대처승들도 기피하던 사찰이었는데도 거부당하면서 사태는 걷잡을 수 없게 됐다. 온건하던 금오 스님도 쉽게 풀릴 줄 알았던 수좌전용 사찰 요구안이 거부되자 강경파로 돌아선다. 즉, 대처승으로는 아주 쉬운 일마저도 안 된다는 사실을 경험하면서 근본적 정화로 선회한 것이다.

정화에 나선 목적이 수좌들 수행도량 확보였기 때문에 금오 스님은 1955년 이후 지방으로 내려가 제자들과 사찰을 복원하는 데 주력한다. 종단 중앙은 비구들로 대체됐지만 그 영향이 지방에까지 미치지는 못했다. 대부분의 사찰은 여전히 대처승들 차지여서 주지 발령장은 받았지만 소송에다 물리력 행사 위협 등으로 어수선했다. 그런 가운데서도 금오 스님은 제자들을 채근해서 참선 공부에 매진한다.

사찰을 놓고 전국에서 벌어진 비구 대처 간 분쟁을 정화의 부정적인 면으로 보는 것이 외부는 물론이고 많은 스님들의 시각이다. 하지만 이는 사찰의 역할 운영원칙에 대한 몰이해에서 비롯된 잘못된 시각이다. 사찰은 단순히 스님들이 거주하는 생활공간이나 재정의 원천이 아니다. 이는 사찰이 존립하는 외적 조건일 뿐이다.

중국 당(唐) 대에 선종가람이 만들어지고 총림이 들어서면서 사찰은 수행공동체로 자리매김했다. 백장회해 선사가 제정한 것으로 전해지는 〈선원청규〉에 의하면 선종 사찰은 법당을 만들어 함께 모여 수행하고, 장로는 아침저녁으로 법상에 올라 상당설법(上堂說法)하고, 대중들은 업무를 분장해서 함께 사찰을 운영하고 함께 노동하는 수행공동체다. 사찰에 거주하며 계율을 지키고 수행하며 최소 한 가지 업무는 맡는 것이 승려라고 청규는 규정하고 있다.

이 같은 가풍은 일제와 해방 후 10여 년간 대처승들이 사찰을 차지하는 동안 사라졌다. 이승만 대통령이 보고 기겁했다는, 아기 기저귀가 버젓이 경내에 걸려 있는 여염집과 다름없는 절집 분위기였다. 대처승이 운영하는 사찰분위기는 이처럼 세속 냄새가 물씬 났다. 대처승들은 집과 절을 갖고 있는 '직장인'이었다. 결혼을 하면 사찰 토지 중 일부를 생활할 수 있도록 떼어 주었으며 머리가 좋으면 유학까지 갔다. 그것을 출세로 여겼다. 철저하게 개인 위주, 사가(私家) 중심으로 사고하고 생활할 수밖에 없는 구조였다.

화엄사에서 금오 스님은 어떻게 살았는가? 여관이 화엄사 입구에 건립된다는 것을 알자 금오 스님은 이를 막는다. 국회의원을 등에 업은 지역 유지가 하는 일에 가족이 있는 주지라면 항의할 엄두조차 못냈을 것이다. 하지만 금오 스님은 수좌들을 동원해 입구 이정표를 박살내고 무소불위의 권력을 갖고 있는 경찰서장을 혼낸다.

무서울 것 없는 수좌만 가능한 기개였다. 제자들에게는 오로지 참선 공부에 매진토록 하고 모든 먹거리와 생활은 손수 해결토록 했다. 그래서 스님들은 출가하면 밥 짓고 땔감 만드는 '노동'에 매달려야 했다. 선농일치의 총림 문화가 되살아난 것이다.

개인 소유가 없고 오직 절에서 공동으로 생활해야 하는 비구승들에게 절은 전부였다. 그래서 화엄사를 버리고 절터로 옮긴 금오 스님과 제자들은 모두가 불가능하다고 했던 불사를 수개월 만에 이룰 수 있었다. 스승을 중심으로 모든 생활과 의식이 하나로 연결된 비구승들이었기 때문에 대처승들은 엄두도 못내던 불사를 하는 등 새로운 역사를 쓸 수 있었던 것이다.

현대 한국불교 정화에서 금오 스님의 역할이 중요한 것은 바로 여기에 있다. 개인적이고 속가 가족 중심의 사찰을 출가자의 '무소유 공동체'로 만든 정화의 본질이 금오 스님에 의해 세워진 것이다.

'율사' 금오 스님

금오 스님은 선사(禪師)이다. 정화운동이 한창일 때도 틈만 나면 참선했으며, 상좌들에게도 오직 선(禪)만을 강조했다. 정화운동에 나선 것도 수좌들이 마음 놓고 공부할 선원(禪院)이 필요했던 단 한 가지 이유였다. 금오 스님은 선사이면서 엄격한 계율을 강조한 율사(律師)이기도 했다.

형식과 규율을 중요시하는 소승(小乘)의 계와 달리 대승은 심지계(心地戒)라 해서 마음을 중요시하다 보니 간혹 형식을 등한시 하는 수좌들이 있다. 그런데 금오 스님은 선사이면서 형식을 중시하는 계율에도 철저했다. 만약 불교계가 금오 선사의 이 두 측면을 모두 강조하면서 스님들의 귀감으로 삼도록 했다면 현대 한국불교의 얼굴은 다른 모습을 하고 있었을지 모른다.

금오 스님은 오직 참선만을 강조했다. 정화의 목적 역시 참선을 하기 위해서라고 몇 번이고 강조하는 스님이었다. "한국불교정화의 바른 안목"이라는 제목의 「불교신문」 1964년 7월 19일자를 보면 스님의 선과 정화에 관한 인식이 잘 드러나 있다. 스님은 이 글에서 "돌이켜 살펴보라. 정화의 목적이 어디 있었던가?"라며 "승려라 함은 세상만사(世上萬事)를 헌신짝같이 던져 버리고 수도(修道)로써 그 목적을 삼을 뿐이오, 그 외의 어떤 것도 출가자(出家者)의 바라는 바는 아닌 것이다."라고 말한다.

스님이 말하는 수도가 바로 선 공부다.

"거듭 열 번이고 스무 번이고 말하지만 하나에도 선(禪), 둘에도 선(禪)이며, 셋·넷·열·백·삼천대천세계와 항하사(恒河沙)가 다할 때까지도 선뿐임을 부처도 말했고 조사도 말했다."

스님은 왜 그토록 참선을 중히 여기는가? 참선 그 자체가 목적이 아니다. 출가자의 본분사인 생사해탈을 초월하는 깨달음을 이루기 위해서 참선밖에 할 일이 없기 때문이다. 즉 출가했으면 출가자로서 제대로 살라는 것이다.

"우리는 불조에 못지않은 믿음과 발원으로 출가하지 않았는가. 모든 부처님과 모든 조사는 오직 참선 수행하여 오도(悟道)하였음은 재론이 필요 없다. 또 불조의 중생제도도 이에 벗어남이 없음을 우리는 안다. 천상천하 어디에 선을 버리고 다시 무엇으로 윤회와 고해를 벗어나겠다고 하는가. 선(禪)의 길은 곧 우리가 살아야 할 길이며 사는 길 바로 그것인 것이다. 선의 길을 등지고 그 진리를 말살하는 자는 불법문(佛法門) 중의 마구니이며 불법을 알지 못하는 이며, 중이라는 의미도 모르는 중이며, 거짓 사람인 것을 면치 못할 것이다."

범행 스님을 제자로 받아들이면서도 같은 말을 한다.

"우리가 부모 형제를 모두 버리고 머리 깎고 먹물 옷을 입고 앉아 시주밥을 얻어먹는 것은 오로지 부처님과 같은 성인이 되자는 데 있다. 이렇게 하지 못하면 부모님께 죄를 짓고 나라에 죄를 짓는 것이며 또한 시주에게도 큰 죄를 짓는 일이나 다름없다. 어찌 한 방울의 물인들 공부를 하지 않고 녹일 수 있겠는가. 이를 생각하면 세상 못할 일이 없으며 안 되는 일이 없을 것이니 이 마음 변치 않게 열심히 참선하도록 하라."

계율을 지키는 이유도 다른 사정이나 논리가 있는 것이 아니다. 출가자이기 때문이다. 세상에서 가장 소중하다는 부모 형제 다 버리고 출가해서 공부해서 도인되는 것 말고 달리 할 일이 무엇 있는가? 공부하지 않으면 도둑보다 더 큰 도둑이요, 지옥에 갈 죄업이다. 지계와 파계가 별것 아니다.

식욕, 수면욕, 색욕, 물욕 등 인간의 가장 기본 욕망을 이기고 극복하면 계를 지키는 것이요, 욕망을 따르면 파계다. 출가자가 부모 형

캄보디아에서 열린 제6차 세계불교도대회에 한국대표로 참석한 금오 선사
(좌측 두 번째)

제를 버릴 때는 인간의 도리, 욕망을 포기하겠다는 선언이다. 그래서 "인간 못된 것이 출가하고 그 중에서 가장 못된 것이 수좌된다."고 한 것이다.

인간으로서 도리를 지키지 않는 것이 출가자의 도리이다. 인간의 도리가 무엇인가. 자기 부모에게 효도하고 주변 사람 잘 챙기며 부인 호의호식하게 돈 잘 벌고, 자식 잘 키워 출세시키면 '그 사람 됐다'고 한다. 그래서 '인간되는 것'과 출가자의 행은 반대다.

'부모·나라·시주자에게 큰 죄 지은' 출가자가 세상에 못할 일이 무엇인가. 심지어 인간의 기본 감정까지도 내려놓아야 하는 것이 금오 스님의 계율정신이다.

혜정 스님이 금오 스님을 모시고 기차를 타고 가다 앞자리 앉은 아낙이 아기를 안고 있는 것을 보고 아기가 귀여워서 자신도 모르게 안게 됐다. 이 모습을 본 금오 스님이 화를 내며 이렇게 말했다.

"출가사문이 어찌 속세의 아이를 안고 있는가."

스님인들 아기가 예쁘지 않았겠는가. 이런 이유 저런 이유를 대면서 이해하고 넘기면 작은 구멍이 거대한 둑을 무너뜨리듯 결국에는 제자가 출가자 본분을 잃게 될까 염려했던 것 아니겠는가.

금오 스님에게 계율은 선과 별개가 아니라 동전의 다른 면이며 계율은 지키는 것이 아니라 출가자의 본분을 다하면 저절로 따라오는 그림자와 같다. 대처승을 반대한 이유도 이 때문이다. 대승의 견지에서는 결혼을 하지 않았지만, 계를 어기면 아무리 겉모습이 비구라 해도 계를 범한 것이 된다.

반면 결혼해서 세속에 산다 해도 늘 그 행이 청정하고 마음에 자비가 가득하며 무상의 도리를 실천하면 지계바라밀을 실천하는 보살이다. 문제는 결혼을 유지하기 위해 뒤따르는 생활인으로서의 의무다. 처자권속을 부양하기 위해서는 사찰 수입 중 일부를 전용하거나 심하면 부(富)를 축적하게 된다. 삼보정재를 탐하거나 부정이 개입할 여지가 많아진다. 그 번뇌는 또 어떻게 감당할 것인가. 그래서 금오 스님은 비록 대처승이라도 출가사상을 가지고 있다면 존중하자는 말씀을 하셨다.

하지만 대부분의 대처가 생활인으로 전락했기 때문에 본래 불교정신 회복을 위해서는 비구중심의 종단으로 갈 수밖에 없었다.

"불교정화운동은 사실 대처승을 몰아내기 위한 운동이었지만 그 이면에는 정혜쌍수를 하지 말고 오직 계(戒), 정(定), 혜(慧)를 수행하기 위한 것이었습니다. 이 중에서도 가장 엄격하게 적용한 것이 바로 계율이었는데 불교정화는 엄밀히 말하면 불교의 근본, 한국불교의 정통성, 화합승가, 사찰공동체, 비구승단 등의 수호 및 정립 때문이었습니다. 다시 말해 금오 스님에게 있어서의 불교정화운동은 대처승을 몰아내기 위한 것이 아니라 오직 비구들이 참선할 수행사찰을 확보하는 데 그 목적이 있었다고 봅니다."

― 고산 스님, 「금오스님과 불교정화운동」 2권에서

이처럼 행이 올곧다 보니 금오 스님을 누구나 할 것 없이 율사로 인정하는 것이다. 전계대화상인 고산 스님 역시 금오 스님을 율사로 꼽았다.

"수좌들 사이에서 금오 스님은 대표적인 율사로 불렸습니다. 더욱이 월산 스님은 우리나라에서 제일가는 청정수행 도인이라고 불렀는데 이에 대해서는 동산·효봉·청담 스님 또한 인정했습니다."

경우 스님(부산 대각사)은 금오 스님에 대해 이렇게 말한다.

"매우 엄격하신 분이었습니다. 우리가 말하는 엄격이라는 것은 자신에 대한 엄격이 아니라 부처님 제자로서 지녀야 할 계율에 대한 엄격입니다. 금오 스님은 율사로서의 자격을 지대하게 가지고 있었기 때문에 많은 수좌들로부터 존경받을 수 있었습니다. 바로 이 점 때문에 금오 스님이 불교정화운동을 발의한 이후로는 청담·동산·효봉 스님 등과 비구들이 뒤따라 불교정화운동에 동참했던 것이 아닐까 싶습니다. 수좌 정신의 표상은 곧 참선 공부와 계율사상에 있습니다. 한국에 많은 율사들이 있지만 금오 스님과 같은 뛰어난 율사는 사실 몇 분 없습니다."

설정 스님(덕숭총림 방장) 역시 금오 스님을 계율을 강조하신 스님이라고 표현한다.

"금오 스님은 수좌들에게 항상 출가의 근본은 계를 지키는 것임을 강조했습니다. 중이 계를 지키지 못하는 것은 인내력과 정신자세가 나약하기 때문인데 이것은 바로 신심과 원력 공심이 없다는 증거입니다. 그러므로 금오 스님은 수좌는 삼학 중에서도 계를 소중하게 여겨야 한다고 강조했던 것입니다."

이토록 중시하고 실천했던 계율을 지키지 않는 승려는 아예 취급을 하지 않았다. 1960년대 중반 정화 정신은 온데 간데 없고 규율이 흐트러졌다는 이야기가 들려왔다. 금오 스님은 총무원에 근무하는 승려들이 수좌정신의 본분을 지키지 못하고 한결같이 직업승 행정승으로 전락하고 있다며 우려하다 하루는 상좌들을 불러 모으고는 도끼로 총무원 기둥을 잘라 버리겠다며 절문을 나섰다. 깜짝 놀란 혜정 스님이 총무원 간부들의 정신을 바꾸어 놓을 테니 기다려 달라고 사정해서 멈춘 일이 있었다. 스님은 발길을 돌리면서 눈물을 보였다고 한다. 참선 수행하지 않으니 계율도 어기게 되고, 그런 승려들로 이뤄진 종단이 무슨 소용 있겠는가. 아마 금오 스님의 눈물은 그런 회한을 담고 있었을 것이다.

금오 스님의 선사상(禪思想)

　　금오 스님의 참선 수행 정진은 널리 알려진 바이다. 철저한 계율과 참선은 지금도 전설처럼 전해온다. 그러면 스님은 어떤 사상을 갖고 있을까? 금오 스님은 참선 수행만 강조한 것이 아니라 뛰어난 불교사상가였다. 스님 입적 후 월산 스님이 스승이 생전에 남긴 법어 등을 정리해서 남긴 『금오집』은 짧지만 뛰어난 불교사상가로서 금오 스님의 면목을 제대로 보여 준다.
　　불교의 핵심 원리는 연기중도(緣起中道)다. "연기를 알면 법을 보고 법을 보는 자는 여래를 본다."는 이 한마디에 불교의 모든 것이 들어 있다. 여래는 곧 불성(佛性)이다. 불성은 생명의 본질적 자성(自性)을 일컫기도 한다. 생명 속에 불성 혹은 자성이 있다는 것은 생명 속에 무엇인가 내재되어 있다는 것이 아니라 생명이 부처의 '작용'을 한다는 뜻이다. 이 작용이 곧 연기다. 용수는 연기법에 대해 "사라지지도 않고 일어나지도 않는다. 끊어지지도 않고 이어지지도 않는다. 같지도 않고 다르지도 않으며 오는 것도 아니며 가는 것도 아니다."고 했다. 이 말은 서로 상호관계를 맺으며 의존하며 상즉상입하는 관계를 말한다.

『반야심경』에서 말한 "나지도 멸하지도 않으며 깨끗하지도 더럽지도 않으며 늘지도 줄지도 않는" 원리다. 이처럼 고정된 실체가 없으므로 무아(無我)라고 하며, 반야에서는 공(空)이라 하며, 후기 대승에서는 불성(佛性), 중국 선종에서는 무심(無心) 평상심(平常心)이라 일컫는다. 모두 연기중도를 말한다. 혜능은 『육조단경』에서 "선지식들아, 나의 이 법문은 예부터 모두가 생각 없음[無念]을 세워 종(宗)을 삼으며, 모양 없음[無相]으로 본체를 삼고, 머무름 없음[無住]으로 근본을 삼느니라."라고 했다. 무념이란 한생각이라도 망념이 없으며, 일체법 일체처 그 어느 곳에서도 집착하거나 물들지 않는 정념(正念)을 말한다.

생명은 누구나 진여불성으로 부처의 삶을 살아가도록 그렇게 갖추어져 있어 어느 곳에서도 집착하거나 물들지 않기에 무념(無念)이며 법에도 집착하거나 머물지 않기에 무주(無住)다. 이러한 연기, 공을 아는 것이 돈오(頓悟)요 그대로 사는 것이 곧 선(禪)이다. 이것이 조계종이 종지로 삼는 조사선(祖師禪)의 원리다.

중국선종 특히 돈오를 주창하는 혜능의 남종선은 한국선종에 그대로 전해져 온다. 금오 스님의 불교사상은 철저하게 남종선 전통의 맥을 그대로 잇고 있음을 보여 준다. 금오 스님이 남긴 어록이나 법문 등을 보면 스님은 연기중도론에 입각한 조사선(祖師禪)을 추구하는 철저한 '돈오론(頓悟論)'자임을 알 수 있다.

'마음고향 찾아가는 길[覓尋心地]'에 스님의 불교사상이 확연하게 드러난다. 스님은 마음에 대해 이렇게 말한다.

"밝고 신령스러운 마음이여, 앉는 것도 마음이요, 가는 것도 마음이 가고, 듣는 것도 마음이 듣고 본다. 시비장단하는 것도 마음이요, 밥 먹고 옷 입는 것도 마음이요, 욕하고 칭찬하는 것도 마음이다."

보고 듣고 말하는 이 육신의 주인이 실제는 마음이라고 한다. 하지만 마음이 주인이 아니다. 마음을 하는 작용이 있다.

"이와 같은 마음을 깨치면 마음이 아니라 마음이 법(法)이 된다. 이 법이 앉고 서고 가고 온다. 마음이 가고 오는 것이 아니라 법이 가고 오는 것이다."

그 법은 무엇인가. 본래면목이다. 현상의 마음은 변하고 변통스러워 도깨비불과 같은 것이지만 본래 그 마음은 변함이 없다. 마음은 실체도 형상도 없다. 하지만 형상이 없다고 하면 이 역시 단멸(斷

滅)에 빠지고 만다. 마음은 비록 형상이 없고 실체가 없지만 이를 알고 집착하지 않고 머물지 않는 것이 연기법칙이다. 머물거나 집착하지 않되 거울이 사물을 비추듯, 물이 달을 비추듯 온갖 상을 마다하지 않는 이를 연기, 공이라고 한다. 금오 스님은 그래서 마음을 이렇게 말한다.

"마음은 형상이 없으나 형상을 의지하여 나툰 것이며, 마음은 공하지 아니하였으나 공을 의지하여 나투는 것이다."

마음은 비록 상(相)이 없지만 상을 의지해서 일어나되 그 상이 상 아님을 안다. 그것이 마음의 진정한 모습이며 작용이다. 이를 금오 스님은 "물이 곧 파도요, 파도가 곧 물인 것과 같다. 물이 파도를 여의지 못함이요 파도가 물을 여의지 못하는 까닭이다."고 비유했다.

소요 수좌에게 내린 친필 법문에서도 연기중도관에 입각한 선사상을 읽을 수 있다. 금오 스님은 소요 스님에게 한문으로 적은 법문을 주면서 한 사미승과 스승의 대화를 통해 법을 일깨우고 있다.

"본래면목이란 무엇인가? 산도 공(空)하고, 물도 공하니, 삼라만상이 모두 공하도다. 공하고 공하여 한 물건도 남음이 없으니, 어떤 물건이 남아 있겠는가? 오로지 공(空)일 뿐이로다. 그러므로 본래의 면목으로 인하여 공하게 되는 것이다."

동산 스님 49재에서 설한 법문도 역시 돈오법에 관한 내용이다.

"산승이 이 자리에서 말하는 것은 동산 스님이 계신 곳을 바로 보고 각자의 자성을 찾자는 것이지 재를 지내서 천도하자는 것이 아닙니다. 우리가 이 자리에서 동산 스님의 참 면목을 만나려는 것은 그대로가 불교를 믿는 것이고 부처님이 되어가는 것이고 또한 인간의 가장 큰 일은 생사를 초월하려는 것입니다."

본래면목, 자성을 보면 그대로가 부처라는 '몰록 깨침[頓悟]'의 법을 스님은 설하고 있다.

도(道)를 구하는 이유는 인간사에서 가장 중요한 죽는 문제가 도를 통해 해결되기 때문이다. 사람은 누구나 죽으며 죽음에 임박해서 가장 큰 괴로움을 받는다. 그러면 당연히 사람은 어떻게 해서 태어났으며 죽는 이유를 알아야 한다.

그토록 중요한 이유를 알려고 하지 않고 모르면서 맘 편히 잘 수가 있는지 묻는다. 그래서 금오 스님은 '깨치는 길[無上大覺法門]'에서 "사람이 자기 마음을 알지 못하면 혼은 있어도 죽은 사람이며 짐승과 다를 바 없다. 경전에 있는 말씀이 모두 인간의 생사대사를 밝혀 일체중생의 생사병을 낫게 하였다."며 "곧 썩어 진토가 되며 물거품과 같이 없어질 믿을 수 없는 몸에 얽매이지 말고 법신을 구하라."고 불자들에게 권한다.

하지만 단지 자신의 안락과 평온을 위해 도를 구하는 것은 아니다. 함께 더불어 잘 살기 위함이다.

"도를 구하는 것은 모든 고통의 근원을 넘어서려 함이다. 법문을 듣고 이치에 들기를 간곡히 바란다. 그리하여 만법에 걸림이 없는 나의 본연적적(本然寂寂)한 자성을 깨쳐 나와 남을 함께 제도하는 대도의 법당을 세계만방에 꽂고 법라(法螺)를 불며 법고를 울리면서 태평세계를 이루어보자."

금오 스님은 이처럼 한국 정통 선법인 조사선에 바탕을 두고 돈오법을 설하고 있으며 그 지향점은 청정한 본래면목을 찾아 영원히 죽지 않는 삶을 찾아 모두 더불어 함께 사는 청정국토를 염원하고 있음을 알 수 있다.

금오 스님의 선사상에 대해 연구한 학자들도 스님이 조사선의 가풍을 견지했다고 주장하고 있다. 이덕진 교수(문성대)는 "선사는 조사선의 가풍을 견지한다. 본래성불을 강조하면서, 부처님의 깨달음과 우리의 깨달음이 그 당체가 다르지 않음을 설파하였다."고 했다. 종호 스님(동국대)도 "선사는 화두 참구라는 전래의 수행 전통의 유지와 그러면서도 일상생활에서 지극히 세밀한 마음으로 하나하나를 성찰하도록 따뜻하고 자애로운 마음으로 이끌고 있다."고 평했다.

스님이 남긴 법문을 보면 선어록을 인용하고 난 다음 당신의 견해를 설명하는 방식이 아닌 완전히 녹여서 당신 특유의 비유와 용어를 들어 설명하는데 그 내용이 누구나 들으면 뜻을 명확하게 알 수 있도록 쉽고 명쾌하게 설명하고 있다. 이는 스님이 이론과 실참(實參)을 통해 자신만의 견처(見處)를 확실하게 정립했음을 보여 준다.

금오 스님의 수행관(修行觀)

　금오 스님의 수행관은 참선으로 집약된다. 정화운동이 한창일 때도 "참선하자"고 할 정도로 승려는 오직 참선 수행해야 한다고 가르쳤으며, 당신 스스로 평생을 일관되게 실천하셨다. 선사는 정통적인 간화선법 주창자로서 참선 정진을 통해 깨닫고 후학들에게 엄격하게 지도했다.
　선사는 참선을 일러 흩어진 마음을 하나로 모아 전력(全力)으로 심오(深奧)한 진리를 탐구하는 수행법으로 정의하고 있다. 마음이란 무엇인가? 선사는 마음이 곧 불법(佛法)이라고 했다. 마음이 곧 불법이며 마음을 깨치는 것이 불법을 수용하는 도리라는 것이다.

마음을 깨치는 것만이 인간의 가장 시급하고 유일하게 중요한 일이다. 그것은 사람에게 가장 중요한 죽음에 관한 문제이기 때문이다. 죄를 지어 지옥에 떨어지면 하룻밤에도 만 번 죽고 만 번 사는 무서운 업보를 생각하면 인과를 소홀히 하지 못한다.

금오 선사는 수행자들이 해야 할 일은 오직 '참선 수행'밖에 없다고 가르쳤다. 화엄사에서 진종 수좌에게 보낸 서한에 "스님이란 도를 장엄하는 수단으로 삼고, 법에 들어가는 것은 견성을 근본으로 삼으니 그 밖에 다른 법은 없다."고 적었다. 그래서 "도를 닦아 생사고(生死苦)를 벗어나지 않으면 생사의 바다에 빠져 피눈물의 바다를 이룰 것"이기 때문에 "죽는 병만 없으면 무슨 근심 걱정이 있겠는가, 자성을 깨쳐 대각 진리 속에서 진리의 부자가 되는 날 모든 두려움과 공포는 사라진다."고 했다.

영원히 사는 진리가 곧 자기 마음을 아는 것이다. 그래서 금오 선사는 "사람사람이 자기의 자성을 등지고 번뇌 망상에 휩싸여 부산한 삶을 면치 못한다. 사람이 자기 마음을 알지 못하면 혼은 있어도 죽은 사람이며 짐승과 다를 바 없다."며 자기 마음을 찾을 것을 늘 강조했다.

영원히 사는 본래의 자성청정한 마음을 깨치는 길이 곧 참선 공부다. "자재한 나의 마음을 깨쳐야 한다. 지혜 있는 자는 부자유한 업

화엄사에서 진종 수좌에게 보낸 서한

력의 고통을 무섭게 여겨 생사에 자재하는 참선 공부를 부지런히 하는 것"이라고 했다.

또 "이제라도 법문을 듣고 성현의 태(胎)를 길러 삼계에 초출(超出)하려면 불법을 의지하라. 불법을 배움에는 선지식을 의지해야 한다. 만약 도업을 닦지 않고 날이 가고 달이 가면 도력은 없어져 업력에 끌리게 되고 말리라. 인천에 죽고 사는 생명은 오직 참선에 있음을 알아 참선법으로써 생명을 건져라."고 했다.

그러면 참선법은 무엇인가. 스님은 "참선법은 다른 것이 아니라 자기 마음을 찾아내는 법이다. 그 마음은 멀리 있는 것도 가까이 있는 것도 아니고 숨은 것도 드러난 것도 아니고 항상 목전에 있건만 스스로 모를 뿐이다. 잠시도 여의지 않고 쓰는 마음을 발견해야 만사에 자유를 얻는 법이라"고 했다.

이 참선은 어떻게 하는 것인가.

"비유하건대 한 그루 나무를 다스림에도 그 뿌리부터 먼저 북돋우고 감싸야 하는 것처럼, 사람의 마음을 발견하는 데에도 그 마음의 뿌리를 더듬어 캐야 한다. 마음의 뿌리를 캐는 법을 들자면, 즉 자기 사람에게는 두 가지 물건이 있으니 하나는 몸이요, 하나는 마음이다. 몸과 마음이 한데 엉켜 사람의 모양을 이루어 눈 코 입 등이 빠끔히 뚫려 있다. 마음이 몸을 끌되 목동이 송아지를 끌고 다니듯

동서사방으로 끌고 다닌다. 마음이 하는 대로 가고 멈추고 눕고 일어나는 등 일체 동작을 몸은 마냥 되풀이한다. 대법(大法)에 눈이 어두운 자는 몸 스스로 먹고 자고 가고 오는 것으로만 생각한다. 몸은 한낱 기와 조각과 썩은 나무둥치와 같다. 또한 몸은 사람이 사는 집과도 같기 때문에 마음을 부처님이라고 한다면 몸뚱이는 부처님이 계신 법당이라고 할 수 있다. 그 법당 속에 사는 마음이 귀를 통해 소리를 듣고 입을 통해 말을 하는데 그 마음을 두고 한 물건이라고 한다. 이렇듯 조화를 일으키는 마음이 몸 속에 있는 것 같지만 실은 몸 속에도 몸 밖에도 중간에도 있지 않다.

그러면 도대체 어디에 있는가? 있는 곳을 알지 못하면 생긴 모양도 알 수 없다. 그러나 적실한 한 물건이 분명히 있어 밥도 먹고 옷도 입으며 일체 행동을 하나니 이 물건을 향해서 '이것이 무엇인고?' 대저 이것이 무엇인고, 의심하고 의심하되 배고픈 사람이 밥을 생각하듯, 목마른 사람이 물을 생각하듯, 칠십 늙은 과부가 죽은 외아들을 생각하듯, 고양이가 쥐를 잡듯이 마음의 눈을 다른 곳에 팔지 말고 간절히 의심하고 의심하여 찾아보고 찾아보라.

이때를 당해서는 어리둥절하고 아득하여 도저히 생각으로는 알아맞출 수 없으며 어찌할 바를 모르게 된다. 그러나 답답하고 막막한 생각을 괴롭다 하지 말고 '이것이 무엇인고' '이것이 무엇인고'라고 자꾸자꾸 의심을 지으며 소소영령(昭昭靈靈)한 물건을 앞에다 놓

올곧은 수행으로 한국불교를 선양한 금오 선사 진영

고 '이것이 무엇인고' '이것이 무엇인고' 한없이 되풀이하지 않으면 안 된다. 그 물건을 찾기 위해서는 의심을 하자니 저절로 '이것이 무엇인고' '이것이 무엇인고' 하게 된다.

고양이가 쥐를 잡아 앞에 놓고 눈이 뚫어지도록 자세히 본다. 쥐가 살아 내빼는가 죽는가 쏘아보듯 의심하고 의심하며 보아오고 보아가다가 홀연히 깨치면 통 밑이 쑥 빠지는 것처럼 통쾌하고 시원한 경계를 볼 것이다. 한 물건도 없는 확연한 태허공(太虛空)에 모양이 없는 법신이 나타나면 의심이 끊어져 만법에 걸림이 없을 것이다.

만약 한 법이라도 걸림이 있으면 통쾌한 법이 아니다. 걸린 데가 가셔지지 않았거든 눈밝은 선지식 앞에 나아가 낱낱이 밝혀라. 스스로도 석연치 않은 개똥불 만한 밝음을 믿고 선지식의 탁마를 바라지 않는다면 도심(道心)을 방해하고 자신을 말살하는 어리석은 행위를 범하고 말 것이다. 도라는 것은 하나도 걸림이 없는 것이므로 이를 무상대각(無上大覺)이라 한다."

'무상 대각법문' 중 선사는 출가수행자가 선지식을 찾아 선법을 자주 듣고 화두를 참구하는 것을 '본래 마음'을 찾는 전형적인 과정으로 제시했다. 여기서 스님이 설명하는 참선하는 법은 간화선법이다. '본래의 자성청정한 그 마음'을 '한 물건'으로 놓고 끝없이 의심해서[大疑心] 결국 은산철벽이 깨지는 확철대오하는 간화선법을 제시하고 있다.

그래서 선사는 "참다운 수행자는 첫째도 참선, 둘째도 참선이며 셋째도 참선"이라고 강조했다. 선사는 출가수행의 첫 입구에서부터 간화선법을 배우고 익혔다.

출가동기를 보면 고향 인근 강진 백련사에서 만난 스님이 인생에 대한 화두를 던졌는데 밤낮으로 화두를 참구하던 중 의심이 크게 일어 화두 타파를 위해 고승 소개를 부탁했다는 것이다. 그래서 금강산 마하연선원의 도암긍현 선사를 추천해 스승으로 삼아 출가해 득도했다. 간화선법은 출가동기였으며 생애 전반에 걸쳐 정진했던 것이다.

월주 스님도 역대 조사들의 선지를 깨닫고 이를 따르는 것이 올바른 공부라고 강조했다고 기억했다.

"출가 후 처음에는 '해는 공중에 왜 떠있는가?' '왜 낮과 밤이 있는가?' '산은 왜 푸르고 물은 왜 흐르는가?' '왜 꽃은 피고 지는가'와 같이 모든 대상과 사물에 대해 늘 의심하고 경계를 놓지 말 것을 강조했다. 그리고 나중에는 화두를 주시면서 사물에 대한 의심을 버리고 화두에만 집중하여 일념하도록 하셨다."

– 『금오스님과 불교정화운동』 2권에서

그러면 간화선은 어떻게 수행하는가. 용맹정진밖에 없다. 스님 스스로 금강산 마하연에서 도암긍현 선사 밑에서 3년간 용맹정진했고 안변 석왕사 내원암에서도 다시 3년 정진했다. 조실을 지내면서도 용맹정진을 제자들에게 지도했다.

선사는 "수행이란 농사꾼이 농사짓는 것이요, 장사꾼이 장사를 열심히 하는 것과 같다. 그런데도 불구하고 출가수행자가 공부의 도리를 다하지 못하고 참선 수행 중에 조는 것은 크게 잘못된 것이다."라고 참선 중에 조는 수좌가 있으면 아주 엄하게 꾸짖었다.

이에 대해 윤원철 서울대 교수는 "금오 선사의 수행역정은 간화선 수행의 전형을 보여 준다. 간화선 조사들의 행장을 보면 대개 선지식의 인도를 받는 기연으로 본격적으로 구도의 길을 가게 되는데 금오 선사도 이 길을 걷는다."며 "금오 선사의 참선실수 및 지도법은 불교 본연의 명상수련이 간화선이라는 방식으로 이행되는 취지와 정신, 그리고 이에 임하는 태도의 요건 등에서 모범적인 전형을 보여 준다."고 정리했다.

제3부
금오 선사를 기리며

금오 선사 부도비

추모의 글

금오 스님이 떠나고 몇 해 뒤, 맏상좌이자 대선사로 추앙받는 월산 스님이 1974년 금오 스님의 생전 법문과 게송 등을 모아 『금오집』을 발간하며 선사의 생전의 가르침을 담았다. 그때 경봉 스님은 찬(讚)으로써 선사를 기리고, 향곡 스님은 "앉아야 할 때면 앉고 가야 할 때는 가고"라는 제목의 글로 금오 스님을 기리고, 맏상좌 월산 스님은 발문(跋文)으로 스승을 기렸다. 특히 월산 스님의 발문은 맏상좌가 그리는 은사의 풍모 그리고 법어집이 나오게 된 경위 등이 담겨 있어 금오 선사를 대하는 좋은 글이다.

찬(讚)

— 경봉 스님

오비운산월생초(烏飛雲散月生初)
시적가풍대지서(示寂家風大地舒)
성색구공무적처(聲色俱空無跡處)
산고수벽국추여(山高水碧菊秋餘)

까마귀 날자 구름 흩어지니 달이 비로소 생기고
열반으로 가풍을 보이니 대지가 펼쳐지도다
소리와 색이 함께 공하여 자취 없는 곳
산 높고 물 맑은 국화 핀 가을일래

앉아야 할 때면 앉고
가야 할 때는 가고

– 향곡 스님

선사의 행적을 보았는가? 어떤 때는 평상에 올라가 앉고, 어떤 때는 주장자를 들어 보이며 불자(拂子)를 들기도 하고, 또 창천(蒼天) 창천(蒼天) 허허(噓噓) 소리를 치고, 어떤 때는 방(榜)을 휘두르고 할(喝)을 하며, 또 사람을 죽이기도 하고 살리기도 하며, 혹은 놓아 주기도 하고 잡아 당기기도 한다.

또 기(機)와 용(用)을 보이고, 정(定)에 들기도 하고 경행(經行)하기도 하며, 당전(當前)에서 가가대소(呵呵大笑)하기도 하며 또는 묵묵히 방장(方丈)으로 돌아가고, 홀로 산을 걷기도 하고 골짜기를 왔다

갔다 하였다.

그리고 앉아야 할 때면 앉고 가야 할 때는 가고, 머물러야 할 때는 머무르고 일어나야 할 때면 일어난다. 밥이 있으면 밥을 먹고 차가 있으면 차를 마시고, 어떤 때는 마음을 설하고 성품을 설하며 현(玄)을 설하고 묘(妙)를 설한다.

구름과 같고 비와 같이 기(機)를 당해 걸림이 없고 주고 빼앗음이 자유롭다.

이와 같이 중생을 제접(提接)한 40여 년은 오직 불조(佛祖)의 심인(心印)을 전한 금오 대선사의 행적이다.

발문(跋文)

– 월산 스님

　　스님은 운수의 행각으로 세상에 조용히 오셨다 가셨지만 무위화(無爲化)의 진폭(振幅)은 종단의 안팎을 한결같이 울려주셨다. 사바에 연을 담고 머무시는 동안 스님은 언제나 화두를 벗삼아 정진하시기에 일여(一如)하셨으며, 종풍진작과 교화군품(敎化群品)에도 선두에 서시었다. 평소의 성격은 엄격하시나 말씀은 인자하시었다. 특히 살림살이에는 아예 빈객(賓客)이었던 스님이시지만 종통(宗統)을 바루고 정재를 가꾸는 호지삼보(護持三寶)의 대사(大事)에는 늘 주인이 되셨으며 정화불사를 주관하여 크게 이끌어주셨다. 심지

● 월산 스님

어 스님의 본분사에도 맞지 않는 종단 행정직도 나아가신 적이 있으시니 스님의 수종지심(受宗之心)과 섭화중생(攝化衆生)의 원력이 얼마나 간절하셨던가를 다시금 내심(內心) 깊숙이 되새기게 한다.

스님은 고현(古賢)들이 주석한 처소라면 어디든 편력(遍歷)을 하시면서 정적(靜寂)과 유훈에 젖으시며 조도(助道)의 계기를 즐겨 삼았었다. 또한 스님은 인적이 드문 산중 벽지에서 토굴을 엮고 선정에 주로 드셨는가 하면, 때로는 인가려중(人家閭中)에서 만행 걸식으로 행선을 하시며 불연을 심는 대자원력(大慈願力)의 시현자(示現者)가 되시기도 하셨다.

일찍이 스님은 회상(會上)의 종조(宗祖)가 되시어 개당설법(開堂說法) 이래 숱한 격외법문과 대기대용(大機大用)으로 조도(祖道)를 천양하시며 납자제접(衲子提接)과 후학양성에 온 힘을 기울이셨다. 또 임제할 덕산봉을 자유자재로 시용(施用)하시는 여가(餘暇)에 노파법문(老婆法門)도 곁들여 주셨다.

특히 스님은 화두 가운데 주로 시심마(是甚麼)를 들도록 하셨으니, 이는 근세 경허 선사 이후 선계(禪界)에 맥맥이 흐르는 조계선풍이요 스님의 가풍이시다. 이제 스님께서 입적하신 지도 어언 6~7년이 흘렀다. 스님의 유법(遺法)이 날이 갈수록 등화(燈火)나 배광(背光)처럼 빛나며 뚜렷해 오니 스님의 법안(法眼)이 더욱 흠모해진다. 수정결보다 맑으신 수행과 멧부리보다 높으신 덕화를 우러른 나머지 스님의 진영을 모시며 조탑(造塔)도 하였으나 정작 스님의 진면목이 담긴 거룩한 법문이 모두 뜻 아니게 유실되어 없어진 것은 못내 가슴 아픈 일이 아닐 수 없다.

 그러나 다행히 스님의 노파 법문 20편과 다소의 송구류(頌句類)가 남아 상재(上梓)에 당(當)하니 한 가닥 면책인 양 마음이 놓인다. 비록 스님의 격조 높은 상당법문은 아니지만 여기에서 편린이나마 엿볼 수 있다고 믿기 때문이다. 끝으로 스님의 유고에 서문을 내려주신 향곡 화상께 충심으로 예를 올립니다. 그리고 출판을 주관해 주신 탄성 등 사제들의 노고와 유고(遺稿)를 정리한 성타의 수고를 치하하며 아울러 이 출판을 도와주신 박경훈 거사와 여러 사부대중께 두루 인사를 드립니다.

회고의 글

생존해 있는 상좌와 원로스님들 역시 선사를 잊지 못한다. 원로회의 부의장 명선 스님은 수월 스님의 4대손 격에 해당한다. 수월 스님에 관해 가장 많이 연구한 전문가라고 할 수 있다. 명선 스님께 금오 스님이 평생 간직했던 수행 가풍의 근원을 들어보았다. 인환 스님은 금오 스님을 정화 당시 친견한 바 있으며 스님의 정화 전후를 한 경험은 또 다른 측면에서 당시 종단 상황과 금오 스님의 정화운동을 읽는 데 도움을 준다. 만년의 스승을 모시고 입적을 지켰던 월서 스님은 금오 스님의 아난이라 해도 과언이 아니다. 스님의 육성을 통해 은사스님의 진면목을 다시 한 번 복원했다.

'절구통 수좌' 금오 선사

— 명선 대종사

여수 흥국사에 주석하는 명선 스님은 원로회의 부의장이다. 자비로운 분으로 소문나 다른 절 스님도 의탁할 정도다. 스님은 수월 스님의 증손자뻘 상좌다. 수월 스님은 몇 명의 상좌를 두었는데 만주사변으로 인해 모두 뿔뿔이 흩어졌다. 러시아로 넘어간 상좌도 있고, 분단으로 인해 이북에 갇힌 상좌도 있다. 그 중 신묵언이라는 상좌가 있었다. 원래 다른 법명이 있는데 묵언정진한다고 해서 묵언(默言)이 법명이 됐다.

수월 스님이 만주에 있을 때 남쪽에서 여러 명의 스님이 도를 배우겠다고 찾아왔다. 절구통 수좌로 유명한 효봉 스님, 청담 스님도 그 중 한 분이다. 금오 스님도 수월 스님 밑에서 1년 넘게 공부하고 도둑으로 누명을 써 감옥에 갇혀 죽을 고비에서 수월 스님에게서 배운 기도로 무사히 빠져 나왔다는 일화를 남겼다.

수월 스님은 상좌가 되겠다며 찾아오는 스님들마다 남으로 내려가서 불교를 중흥시키라고 했다. 효봉·금오·청담·동산·월산 스님 등 정화의 주역들이 모두 수월 스님과 인연을 맺었다. 만약 그 스님들이 수월 스님 곁에 머물렀다면 불교정화는 없었을 것이다. 중국에 머물다 공산화와 함께 사라졌든지 이북에 갇혔을지 모른다.

그래서 수월 스님이 몇 십 년 뒤 불교정화를 일으키는 이 스님들을 남으로 돌려보낸 이유를 두고 의견이 분분했다. 정화를 예측했거나 남북이 분단될 운명임을 미리 알았을 것이라고 세인들은 추측했다. 그럴만한 까닭이 있다. 수월 스님은 여러 신기한 이적(異蹟)을 보인 도인으로 유명했기 때문이다.

도천 스님도 수월 스님 회상에서 공부하겠다며 찾아간 수좌 중 한 명이다. 수월 스님이 입적하는 바람에 뵙지 못하고 묵언 스님을 은사로 모시게 됐다. 도천 스님은 금산의 태고사에서 토굴을 짓고 평생 농사짓고 공부했다. 늘 산에서 나무해서 수좌들 뒷바라지 하고 짚신 삼아 주민들에게 나눠주며 평생을 일했던 수월 스님, 개간 수좌로 불릴 정도로 밭을 일구고 입적할 때도 소나무 가지를 잡고 서서

명선 스님

입망했던 혜월 스님 등 경허의 문손답게 도천 스님은 평생 태고사에서 나오지 않고 일하고 수행했다. 그런 도천 스님의 맏상좌가 명선 스님이다.

만주로 간 수월 스님은 남에서는 잊혀진 인물이 됐다. 더군다나 분단으로 인해 중국이 공산화 되면서 남과는 더더욱 멀어졌다. 명선 스님은 은사스님으로부터 수월 스님에 대한 이야기를 수도 없이 들었다. 은사스님이 금강산 마하연에서 공부하던 이야기 등 명선 스님은 갈 수 없는 금강산과 만주에서의 이야기를 들으며 반드시 수월 스님을 찾아 영정을 모시겠다는 원력을 세웠다.

중국과 수교가 되자 명선 스님은 수월 스님을 찾아 나섰다. 수월 스님이 살았던 고려사 터와 송림산 화엄사를 수차례 찾아가고 수월 스님이 소금을 구하러 다녔던 러시아 국경 지역을 수도 없이 답사하며 자료를 모았다. 명선 스님은 "30번은 더 넘게 갔다."고 말했다. 그곳에서 수월 스님을 모셨던 방씨 노인을 만났다. 방씨 노인은 명선 스님에게 당신이 듣고 직접 경험한 수월 스님에 대한 이야기를 들려주었다. 다음은 명선 스님의 전언이다.

"방씨 노인의 부친과 식구들은 수월 스님과 친밀했다. 스님은 방씨 집에서 자고 가기도 했다. 어느 날 방씨 노인이 12살 때 단명(短命)할 상이니 아이를 나에게 달라고 하더란다. 그렇게 해서 화

● 1920년대 초반으로 추정되는 금강산 마하연

엄사에서 스님과 살게 됐는데 어느 날 밤에 경을 읽다가 소변이 마려워 밖으로 나가려 하니 절대 못 나가게 했다. 옷에다 눌 것 같다고 하니 그렇게 하라며 못 나가게 했다. 스님은 그러면서 혼 잣말로 '물러가라' '물러가라'고 주문을 외우듯 말했다. 이윽고 방씨에게 이제 소변보러 가도 된다고 했지만 그만 옷에다 누고 만 뒤였다. 밖에는 호랑이가 아이가 나오기를 기다리다가 물러났다. 단명한다는 것은 그 이유였던 것이다. 방씨 노인이 나에게 이 이야기를 들려주면서 스님께서 호식이 밥이 될 뻔한 당신을 살렸다고 했다."

수월 스님이 만주로 간 까닭은 은사 경허 스님을 찾아서다. 경허 스님은 그때 박난주라는 이름으로 속인처럼 행세하면서 삼수갑산에 머물고 있었다. 수월 스님은 은사스님으로부터 40여 리 떨어진 곳에 있으면서 한 달에 한 번 은사스님을 찾아뵈었다. 경허 스님이 입적하고 얼마 뒤 나라를 잃은 조선 백성들이 난민이 되어 만주로 흘러들었다. 짚신을 잘 삼고 나무를 했던 수월 스님은 조선의 유민 난민들을 돌보았다. 그들은 조국을 벗어나지 않으려 처음에는 국경에 머물렀지만 점차 수가 늘어나면서 북으로 올라가는 수가 많아졌다.

명선 스님은 "수월 스님이 만주로 간 까닭은 그 난민들을 돌보기 위해서였다. 그들 틈에 섞여서 아픈 사람을 치료해 주고 짚신 삼아 신겨 주며 돌보았다. 고려총이 있는 수분화를 지나 러시아 접경 지역 흑룡강성까지 올라갔다."고 말했다. 3년을 그곳에 머물다 300리 가량 내려와 주민들이 지어준 화엄사에서 7년간 머물다 입적했다. 그곳에서 효봉·청담·금오·월산 스님 등을 만나 법을 전수했다.

방씨는 "수월 스님이 계시면 의사가 필요 없었다."고 할 정도로 스님은 아픈 사람들을 치료해 주었다. 그리고 스님이 눕는 것을 본 적이 없으며 마을에 오면 항상 큰 배낭을 짊어지고 그 안에 나락 이삭이나 무 말린 것 등을 넣어서 짐승들에게까지 먹이로 주었다. 그래서 수월 스님 곁에는 날짐승 길짐승도 한가롭게 거닐었다. 호랑이를 타고 다녔다는 전설 같은 이야기도 그래서 나왔다.

명선 스님은 방씨 노인의 기억에 의해 수월 스님 진영을 복원했다. 그 진영을 중국 화엄사와 수월 스님과 은사스님이 공부했던 금강산 마하연과 표훈사 등에 모셨다. 명선 스님은 "백수(白壽)였던 은사스님을 수레에 모시고 마하연 표훈사를 둘러보고 수월 선사의 진영을 모셨는데, 이북에서는 진영을 못 가져가게 하는데 부처님의 가피력으로 어렵게 모시게 됐다."고 말했다.

이처럼 명선 스님은 덕숭의 정통 맥을 이어서 금오 스님에 대한 기억과 친밀도도 남다르다. 명선 스님은 "은사스님께서 평소에 금오 스님에 대해 많은 말씀을 해 주셨는데 가장 기억에 남는 말씀은 효

한국불교 지도자들이 수월 스님의 수행과
전법 흔적을 찾기 위해 중국 수월정사를 방문한 모습

봉 스님처럼 정말 '절구통 수좌'였고 마하연에서 금오 스님을 모시고 공부할 때 보면 오직 공부에만 열중하시는 무심도인이시며 힘이 장사였다는 말씀을 하셨다. 수월 스님을 친견할 때 만주의 사나운 개가 수월 스님 발밑에 굴복한 이야기 등도 금오 스님이 은사스님께 해주신 말씀"이라고 말했다.

명선 스님은 "은사스님께서는 금오 스님을 정말 존경하고 좋아하셨으며 효봉·동산·청담 스님 등 정화를 이끈 큰스님들은 모두 종정을 역임하셨는데, 금오 스님만 종정을 못하시고 입적하신 것을 늘 안타까워하시면서 덕숭 문중에서 종정을 한 번 모셔야 한다는 말씀을 하신 것이 기억에 특별히 남는다."고 말했다.

"나, 중(僧) 대장이오"

― 인환 대종사

1952년 계를 받고 부산 선암사 소림선원에서 참선 정진했는데 각지의 선지식들이 피난을 내려와 쟁쟁한 분들이 함께 했다. 그때 선암사에서 행자, 원주를 했는데 선방에는 향곡 스님이 조실, 주지가 석암 스님이고, 입승은 오대산 도인으로 유명한 지월 스님, 종정을 역임하신 당시는 석호 스님이라고 했는데 서옹 스님, 무불 · 홍경 · 운문 스님 등 아주 쟁쟁한 스님들이 있었다. 또 해방 후 범어사에서 『선문염송』을 펴낸 설봉 스님도 계셨고, 총무원장을 역임한 손경산 스님의 속가 형님 되는 분도 사회생활을 하다 늦게 출가했지

인환 스님

만 아주 열심히 정진하던 기억이 난다.

1955년 여름 하안거 결제 들어가기 1주일 전인데 석암 주지스님이 선방 대중들을 불러 모으시더니 "서울 총무원에서 정화불사가 시작되었으니 다들 참가하라는 사발통문(沙鉢通文)이 왔다."며 "금년 하안거 결제는 조계사에서 한다."고 해서 다들 걸망을 메고 서울로 올라갔다. 당시 대처승은 수가 8천 명에 이르는데 비구승들은 전부 모아도 그 십분의 1인 800명밖에 되지 않으니 우리 모두 올라가야 했다. 부산 선암사에는 방부 들인 수좌가 40여 명이었는데 절을 지키는 3~4명만 남기고 모두 서울 조계사로 갔다.

조계사는 법당만 당시 그대로이고 입구나 형태는 지금과 전혀 다르다. 조계사 앞은 기와집들이 둘러싸인 골목이고 들어가면 기억자(ㄱ) 모양의 한옥집이 있었다. 전국에서 올라온 400여 명의 대중이 있을 곳이 없어서 지방에서 올라온 대중들은 일단 조계사 법당에 참배하고 비구승들은 선학원과 대각사로 가고 비구니들은 대비원으로 갔다.

그렇게 나뉘어 아침저녁은 각자 숙소에서 해결하고 아침 8시쯤 줄지어 조계사로 갔다. 법당에 모여서 매일 회의를 했는데 우리를 지도한 분은 청담·벽안·월하 스님 등 중진 스님들이었고, 기억자로 된 기와 요사채에는 효봉·동산·금오 스님 등 어른 스님들이 계셨다. 매일 법당에 모여 회의를 하다가 "불법(佛法)에 대처승(帶妻僧) 없다"는 구호를 외치고 하면서 보냈다.

그렇게 한 일주일쯤 지났을 무렵 조계사를 혼자 둘러보다가 요사채 옆에 군인들이 사용하는 큰 텐트를 친 공양간을 보았다. 점심을 조계사에서 해결하니 400여 대중들 공양 준비가 여간 큰일이 아니었다. 화계사에서 올라왔다고 하는, 별명이 방울스님인 홍도 스님이 도감 별좌를 맡아서 동분서주하고 있었다. 공양간 일은 많은데 일손은 태부족이니 스님 혼자서 이리 뛰고 저리 뛰고 여간 바쁘지 않았다. 공양간 일이 고되어 신출내기한테 맡겨야 하는데 마땅한 사람이 없으니 방울스님 혼자 고생하고 있었다.

그래서 선암사에서 같이 올라간 젊은 수좌 대여섯 명과 상의해서 후원 일을 돕게 됐는데 나는 공양주를 맡았다. 기름 드럼통을 반으로 잘라 통에 쌀을 가마니 채 넣고 시멘트 다지는 큰 삽으로 휘저어 밥을 지었다. 수덕사에서 올라온 아주 건강하고 힘이 센 이가 밥을 맡고 나는 채공일을 맡았다. 새벽예불 끝나고 4시쯤 되면 혼자서 리어커를 끌고 인사동을 지나 낙원시장에 가서 애호박을 사 리어커에 잔뜩 싣고 와서 오전 내내 혼자 호박을 썰어 된장에다 섞어서 찌개를 만들었다. 신도들이 각자 집에서 조금씩 가져다 준 된장을 전부 모아서 국에다 넣어 국도 아니고 찌개도 아닌 중간 정도로 만들었다. 밥한 그릇과 국과 찌개 중간인 된장 반찬이 전부였다. 간혹 대중공양이 들어오면 김치가 더 올라올 때도 있었지만 그것은 특별한 경우였다.

정화 당시 조계사로 들어가는 젊은 수좌들

중간 중간 정부에 호소도 하고 했는데 별 신통이 없던 어느 날 경무대에 모두 진정을 하러 가자고 해서 5조로 만든 가사와 장삼을 입은 젊은 스님들 약 300명이 "불법에 대처승 없다"는 펼침막을 들고 제일 앞에 서서 조계사에서부터 죽 줄지어 경복궁에 있던 경무대로 갔다. 경복궁 옆으로 해서 경무대로 들어가는데 경복궁 담이 끝날 즈음부터 저지선을 쳐서 못 들어가게 하고 청담 스님 등 대표되는 스님 7~8명만 들어갔다. 나머지는 3~4시간가량 앉아서 기다렸다. 그때 내 나이 24~5세였다. 그 일이 가장 인상에 남는다.

8월 15일 광복절 전날 정부대표로 이선근 문교부장관이 조계사로 와서 법당에 전부 모였는데, "독신비구승이 옳다" 전국의 사찰에 있는 대처승들은 가족을 데리고 나가고 사찰은 비구승들이 맡기로 했다는 결과를 알려주었다. 힘의 관계로 보면 비구승들은 대처승들에 비교가 안 될 정도로 열세이지만, 독신비구승이 옳다는 여론의 힘에 의해 정화가 1차 비구승들 의도대로 결론날 수 있었다.

그런데 정화 후에 분위기가 좀 묘하게 흘러갔다. 명망 있고 수행을 열심히 했다고 하는 스님들조차 공부할 곳이 마땅치 않아 철마다 옮겨 다니는 생활을 하다가, 이제 공식적으로 비구승들이 절을 맡게 됐다고 하니 물 밑에서 경제적으로 형편이 나은 절을 맡고 싶어하는 분들도 있었던 모양이다. 아마 당시에는 비구승들이 얼마 없어서 원하는 대로 주지 발령을 받을 수 있었을 것이다.

정화가 끝나고 한 열흘 지났을 무렵 석암 스님께서 선암사 대중들을 불러 모아놓고 말씀하셨다.

"결제 전 정화불사에 동참하라 해서 조계사에 왔는데 일단락 됐으니 우리는 다시 선방에 내려가서 참선할 뿐이다. 하지만 이번 기회에 절이라도 맡을 생각 있는 분이라면 그렇게 하시라."

그리고는 저보고는 선암사 선방에 내려가서 계속 정진하자고 말씀하셨다. 참 놀라운 일은 절 맡는 것에는 관심을 두지 않고 정화가 끝났으니 원래대로 돌아가자는 석암 스님의 율사다운 모습과 몇 명만 빼고는 모두 스님의 말씀을 따라 선원으로 돌아온 대중들이었다. 그래서 우리는 다들 소림선원으로 내려와서 다시 참선 정진했다.

그 해 겨울 석암 스님께서는 향곡 스님 제자와 나를 불러 말씀하셨다.

"그동안은 참선 정진만 하면 됐지만 이제는 정화불사로 비구승들이 한국불교 전체를 맡게 됐으니 젊은 스님들이 앞으로 한국불교를 이끌어가려면 다방면에 걸쳐 알아야 한다. 소문을 들으니 자운 스님이 해인사 주지를 맡아 그 전에 대처승 불교전문 강원이 있었지만 이제 새로 비구승 강원을 연다고 한다. 진주 연화사 계시는 운허 스님을 모시고 새롭게 강원을 연다고 하니 한국불교를 짊어지고 갈 젊은 스님들 중 불교토대가 제대로 되어 있는 두 수좌가 가서 운허 스님 밑에서 4년을 공부하도록 하라."

선방에서 참선 정진만 할 줄 알았지 전혀 생각도 못했는데 석암 스님께서 하신 분부라 우리는 그날 저녁 걸망을 지고 해인사로 들어갔다. 1955년 겨울 결제에 들어가기 전이었다. 강원 방부를 들이고 일주일을 있으니 연화사에서 운허 스님께서 오셨다. 그리하여 3년 6개월간 해인사에 있으면서 운허 스님으로부터 치문 사집 대교를 공부하게 됐다.

치문은 역대 조사 대학자들의 좋은 글, 큰스님 행적 등이 죽 들어 있어서 이를 공부하면 불교 기초를 단단히 다지는 동시에 한문 공부가 된다. 그 토대 위에 경전을 볼 실력이 차차 갖춰져 2년째에는 『선요』, 『절요』, 『서장』, 『도서』 등 사집을 배우고, 3년째에 경을 본격적으로 들여다보는데 『금강경오가해』, 『능엄경』, 『대승기신론』, 『원각경』까지 배운다. 마지막 대교과는 『화엄경』을 배우는데 현담, 화엄, 십지 3등분해서 배운다. 현담까지 배우고 났을 때 해인사 주지 자운 스님 임기가 끝나고 통도사 주지로 가게 됐다.

해인사 강원은 1기가 지관·월운·홍법 스님이고 내가 2기인데 자운 스님이 주지로 가시면서 총무 영암 스님, 재무 지관 스님, 교무 홍법 스님과 강주인 운허 스님까지 모두 통도사로 옮겨간다는 것이다. 현담 배우고 얼마 남지 않았는데 운허 스님으로부터 마저 배워야겠다는 생각이 들어서 나도 통도사로 옮겨 가 거기서 1년 반을 더 배워 경을 마쳐 통도사 강원 1기로 졸업했다. 사실 통도사는 전통적으로 통도사 출신만이 주지를 맡았고 특히나 벽안·월하 스님 같은 쟁쟁한 분이 계셔서 다른 문중스님이 통도사 주지를 맡을 수가 없는데 인연이 있었다.

　해방 전까지 자운 스님이 지금 설법전 자리에 있던 노전에서 지관 스님 등 권속과 함께 법당과 사리탑 노전 책임으로 있었다. 그리고 구하 스님이 보광전 곁 별당에 계셨는데 '자운 스님은 통도사의 옛날 율사의 구신'이라 할 정도로 좋아하셨다. 자운 스님이 해인사 주지를 그만둔다고 하시니 월하·벽안 스님을 불러 전통을 깨고 자운 스님으로 주지를 모셔보자 해서 통도사로 오게 된 것이다.

　어쨌든 나는 10년 공부를 마치고 만행을 나섰다. 정화가 끝났지만 지방의 사찰들은 여전히 대처승과 그 가족들이 차지하고 있었다. 하지만 비구승들이 정화한다며 절을 차지하려고 드니 객승에 대한 경계가 대단했다.

　날이 저물어 절을 찾아드는데 "객승 왔습니다." 하니 내다보지도 않았다. 마당을 둘러보고 빗자루를 찾아서 마당이 깨끗하든 말든 청소를 싹 하니, 아마 안에서는 내가 뭐하나 쳐다보았던지 그날 저녁상이 달랐다. 저녁 먹고 참선하고 잠자리에 들어서 새벽 2시에 깨어나서는 법당에 촛불 켜고 도량석 돌고 참선하고 날이 밝기 전에 해우소까지 싹 청소했다. 그리고 걸레를 빨아서 법당 대처승 가족들이 사는 안채까지 청소하니 아주 극진하게 대접을 했다. 밥을 먹고는 돈도 달라고 하지 않고 "객승 갑니다." 하고 큰 소리로 인사하고 뒤도 돌아보지 않고 나오니 신발도 제대로 신지 않고 달려와서는 봉투를 걸망에 주었다.

당시에 정화하느라 비구승과 대처승 갈등이 심했지만 새벽예불만 제대로 해도 대처승들이 비구승을 대하는 태도가 달랐다. 왜냐하면 그때 대처승들이 사찰 새벽예불 하는 데가 많지 않아 제대로만 행동하면 문제될 것이 없었던 것이다. 1년 반가량 강사로도 있다 보니 동해안을 따라 북으로 만행을 가는데 나에게 경을 들은 스님들이 간혹 절에 있어서 대접을 받기도 했다.

상원사 중대 적멸보궁을 참배하니 21일간 기도 정진 원력이 생겼다. 하지만 비록 스님이라도 자기 기도하려면 돈을 내야 된다고 해서 그동안 받았던 봉투를 전부 중대 계시는 주지스님께 드리면서 "이게 내가 가진 전부인데 얼마인지 헤아려보지는 않았다. 이 돈을 받고 21일 기도하게 해 달라."고 했더니 노스님께서 호탕하게 웃으시며 "젊은 스님 열심히 기도해 보시게." 해서 정말 열심히 기도했다. 적멸보궁에는 화장실이 없어서 중대까지 화장실에 가지 않으려고 하루 한 끼, 그것도 죽지 않을 정도로만 먹고 목숨 걸고 정진하던 때가 바로 내가 젊을 적 경험했던 정화며 당시 불교계 모습이다.

종단 정화를 이끄셨던 금오 스님은 당시 우리 같은 젊은 수좌들은 마주 대할 기회도 그럴 수도 없는 노장이셨는데 대단하신 분이라는 사실은 익히 알고 있었다. 수행 제대로 안 하면 상좌들 아랫도리를 걷어 올리게 해서 회초리로 치셨던 분이다. 한번은 통행금지 시간을 넘겨 절에 들어오시다가 야경 도는 경찰이 "그 누구냐" 소리치니 노장께서 "나, 중(僧) 대장이오"라며 아주 기백있게 답하셨다. 그 이야기가 한동안 수좌들 사이에 돌았었다. 지금은 옛날처럼 목숨을 내려놓고 달려들어 공부하는 그런 기백이 사라진 듯해서 안타깝다.

금오 스님은 은사스님과도 아주 밀접하다고 들었다. 은사스님은 일제강점기에 금강산 4대사찰인 표훈사 주지를 역임한 원허(圓虛) 스님으로, 복덕(福德)을 구족한 수행자셨다. 금오 스님처럼 금강산 표훈사 산내암자인 마하연에서 공부하셨다. 그래서 생전에 금오 스님에 대해서 많은 말씀을 해주셨다.

1·4 후퇴 당시 법홍(法弘) 스님과 남으로 내려와 불교정화운동에 적극 참여하고 월정사, 건봉사, 신흥사, 낙산사 등 강원도 지역 사찰 정화책임을 맡았으며 비구 5인 대책위원, 불교재건비상종회 임시의장을 맡아 불교정화운동에 많은 기여를 하신 분이셨다.

금오 스님을 젊을 적 잠깐 뵈었지만 은사스님과 인연도 있고 저도 원로의원으로서 월서 스님과 인연이 각별하니, 금오 스님 탄신 120주년을 맞아 큰스님께서 강조하셨던 참선가풍 수행정신이 크게 일어나 불교정화의 본래 뜻이 실현되었으면 한다.

언행일치의
모범을 보이신 스승

― 월서 대종사

"한국전쟁의 상흔(傷痕)이 채 가시지 않은 1956년 남원 실상사 약수암에서 처음 뵌 스님의 말씀은 지금도 생생합니다. '나고 죽는 것보다 큰 사건도 없지만 우주의 섭리에서 보면 이 또한 풀잎 위 이슬처럼 허망한 것, 마땅히 대장부라면 수미산처럼 높은 깨달음을 얻어 생사해탈에 이르러야 한다. 번뇌의 망상에서 벗어나 대자유를 얻으려면 절에 들어와 수행할 생각은 없는가?' 스님의 말씀을 듣고 저는 출가를 결심했습니다. 사문이 되겠다는 뜻을 말씀드리자 '선악미추(善惡美醜)의 기준은 어디에서 생기는

가? 모든 것은 오직 마음 하나에서 만들어진다'며 수행 정진에 몰두할 것을 당부하셨습니다."

지난 2012년 금오 스님 다례재에서 월서 스님이 올린 분향문 중 일부다. 제자들에게 참선을 강조하고 수행에서나 생활에서나 말과 행동이 다르지 않았던 스승은 몹시 어렵고 힘든 분이었지만 그렇게 엄하게 배운 덕분에 수행자로서 한 치 티끌 없이 살아왔다. 제자는 입적할 당시 스승보다 훨씬 많은 나이가 되었다.

월서 스님은 스승 금오 선사와 사형 월산 스님을 이어 법주사 조실로 후학들을 제접하고 있다. 참선을 강조했던 스승의 가르침이 널리 퍼져 종단과 한국불교에 도움이 되는 것이 남은 유일한 원력이라고 강조한다. 마지막 남은 일은 스승의 가르침을 세상에 더 알려 종단이 제대로 서고 한국불교가 국민들의 기쁨과 희망이 되는 데 일조하는 일이다. 금오 스님 제자들은 법주사·불국사·금산사 등에서 법을 펴고 있다. 그 중에서도 법주사가 단연 중심 도량이다. 월서 스님은 스승과 맏사형을 이어 법주사 조실(祖室)로 추대 받아 선법을 펴고 있다.

월서 스님은 1956년 가을 구례 화엄사에서 금오 스님과 인연을 맺었다. 당시 화엄사에는 원담·월주·탄성 스님이 있었다. 화엄사 본사를 맡고 행자를 받아들인 것은 금오 스님도 이때가 처음이었다. 월

2013년 9월 21일 열린 금오 선사 45주기 추모 다례재

서 스님은 60여 년 전 함께 출가했던 행자 동기들의 이름을 정확하게 기억하고 있다. 월서 스님이 나이가 가장 많았다. 월초·월영·월만·월곡·월국·월석 스님이 함께 출가한 행자도반이다.

몇 명은 고인이 되었으며 대부분 환속했다. 월서 스님도 몇 번 환속할 뻔한 일이 있었다. 어느 날 절에 가끔 찾아오는 여신도가 월서 스님이 출타한 사이 스님의 방에서 잠을 자는 사건이 발생했다. 통행금지 시간이 지나 잠자리를 내주었는데 그 일이 사단이 되어 은사스님에게 불려갔다. 대중공사가 벌어져 월서 스님은 참회로 벌을 받았다.

큰스님의 가풍에 따라 '지리산 참회'와 '금강산 참회' 두 가지가 있었는데 지리산 참회는 3,000배의 가벼운 벌이었고, 금강산 참회는 모든 수좌가 몽둥이로 엉덩이를 치는 무거운 벌이었다. 당시 절에는 100명이 넘는 수좌가 있었으니 자칫 죽을 수도 있는 일이었다. 월서 스님과 다른 한 명의 스님이 그날의 대중공사 참회자였다. 그 스님은 대중공사를 하자마자 승복을 벗고 하산했다.

월서 스님은 대중공사에서 여신도와는 아무 상관이 없고 오해라고 강변했지만 받아들여지지 않았다. 금오 스님은 '애초 승려의 마음가짐이 잘못되었기 때문에 그런 일이 발생한 것'이라며 더 호통쳤다. 금강산 참회를 받고 일주일 동안 꼼짝없이 엎드려 있어야 했다.

금오 스님은 계율을 파하거나 그에 상당한 잘못을 하면 엄한 벌을 내렸다. 금오 스님은 몽둥이도 모자라 1개월간 대중공양 명을 내렸지만 월서 스님은 묵묵히 해냈다. 다른 도반들이 정말 대단하다며 칭찬할 정도였다. 몹시 억울한 일이었고 견디기 어려웠으면 벌써 하산했겠지만 끝내 참아낸 월서 스님은 모든 벌을 감내하고 새롭게 정진에 들어갔다. 스님은 칼로 손가락을 베어 '영리여자원(永離女子願)'을 써서 목에 걸고 정진했다. "여자는 죽을 때까지 가까이 하지 않겠다."는 다짐을 하고 평생을 지켰다.

참선만 강조했던 스승은 한 번 정해지고 옳다고 여기면 어떤 타협이나 예외도 인정하지 않았다. 그 때문에 상처받고 속상했던 적도 많았다. 다른 상좌, 다른 문중의 스님들도 마찬가지였다. 참선 수행, 계행, 법문 어느 것 하나 부족한 면이 없던 스승이었다. 그 자신감이 다른 사람들에게도 그대로 전달되었는지 모른다.

월서 스님은 지리산 함양에서 태어났다. 청소년 시절 한국전쟁을 맞아 나라를 지키기 위해 지리산 빨치산을 소탕하는 학생의용대에 참여했다. 죽을 고비를 수없이 넘기고 함께 했던 친구들이 옆에서 처참한 모습으로 죽어가는 모습을 지켜보았다. 전쟁을 통해 죽음을 통해 월서 스님은 어릴 적부터 평화의 중요성과 인간의 소중함을 배웠다. 결국 산악 유격전에 뛰어났던 빨치산의 협공에 말려 체포됐던 월서 스님은 죽음을 무릅 쓴 용기와 과감한 결단으로 가까스로 죽음 직전에 탈출해 목숨을 건졌다. 말이나 글이 아니라 몸으로 삶과

월서 스님

죽음의 경계를 오가는 체험을 한 월서 스님은 전쟁이 끝난 뒤 지체 없이 대자유를 얻기 위한 출가를 감행했다.

그러한 '대장부'였지만 젊은 날 월서 스님은 수많은 경계에 흔들리고 갈등하는 '청춘'이기도 했다. 언제 터질지 모르는 활화산이요, 바위를 향해 맹렬이 돌진하는 파도와 같이 거칠 것 없는 청춘에게 스승은 언제나 '할'과 '방'으로 누르고 조였으니 지켜보는 사람은 늘 조마조마할 수밖에 없었다.

금오 스님은 토굴에서 공부하기를 좋아했다. 화엄사 시절 월서·월초 두 상좌는 누룽지와 쌀, 그릇 등이 가득 든 쌀가마니를 등에 지고 험난한 지리산을 5일간 찾아 헤맸다. 지리산에서 나고 자라 지리산 구석구석 안 가 본 곳이 없지만 무거운 쌀 짐을 지고 산을 오르내리기는 여간 고역이 아니었다. 자루에 쌀이 가득했지만 금오 스님은 절대 못 꺼내게 하고 산나물과 물로 허기를 채우도록 했다. 한창 젊은 나이에 물과 나물로 배를 채우고 무거운 짐을 짊어진 채 며칠씩 산을 오르내렸으니 등에 진 쌀을 못먹게 한 은사스님이 원망스럽기 그지없었다.

인내심 많은 월서 스님도 끝내 추위와 배고픔을 참지 못하고 지리산을 내려오고 말았다. 등에 진 짐을 던져 버리고 은사스님께 "스님, 그까짓 성불 전 안 할랍니다." 하고 인사하고는 눈물을 훔치며 산을 내려왔다.

그런데 얼마쯤 지나서 "월서야" 하고 부르는 소리가 나 뒤돌아보니 은사스님이 뒤쫓아 내려오고 있었다. 은사스님은 "이놈아, 고작 그것도 못 이기고 중노릇을 하려고 했더냐. 그래 그래 내가 잘못했다. 토굴 찾는 것은 그만두고 천왕봉을 돌아서 쌍계사나 가자."며 우는 상좌를 달랬다. 월서 스님도 다정하게 감싸는 은사스님을 따라 다시 걸망을 짊어졌다. 힘이 센데다 행자들 중에서 가장 나이 많은 월서 스님은 늘 대장이었다. 금오 스님은 그 기를 꺾어놓으려 했다. 다른 행자들을 시켜 혼을 내도록 하고는 금오 스님은 멀찍감치 떨어져 지켜보았다.

하지만 행자들이 오히려 월서 스님에게 밀리자 그때서야 다가와 제자를 감싸 안았다. 이 모두 제자를 강하게 키우려는 스승의 가르침이었다. 자신을 누르고 인내해야 하는 수좌에게 넘치는 힘은 장애였다. 짐을 지고 토굴을 찾게 한 고행이나 물리력으로 제압하려 했던 것은 인내심을 길러주기 위함이었다.

스승은 제자에게 많은 가르침을 주었다. 월서 스님은 "중노릇 제대로 하려면 집착과 애착을 끊어야 한다. 바른 수행을 하면 설령 애욕과 집착이 찾아오더라도 썩은 새끼줄과 같아 쉽게 끊어낼 수 있다. 그러므로 끊임없이 참선 수행해야 한다."며 "늘 참선을 강조하셨으며 당신도 틈만 나면 참선을 하셨다."고 말했다.

몸소 보여 주었던 스승의 계행(戒行)은 그대로 제자의 삶의 나침

반이 되었다.

"큰스님께서는 법문을 빠지지 않고 해 주셨는데 아주 힘차면서 경전의 말씀과 큰스님의 계행이 그대로 딱 맞아 떨어져 듣는 우리들에게 감동과 기쁨을 주기에 충분했다. 환갑잔치를 준비하는데 절에서 무슨 환갑이냐며 가 버리시고 단 한 번도 법(法) 아닌 말씀은 하신 적이 없다. 우리 같으면 농(弄)도 하고 세속일도 꺼내고 우스갯소리도 할 텐데 큰스님은 법에 관련한 이야기가 아니면 단 한마디도 꺼낸 적이 없다. 그만큼 아주 사소한 것도 그냥 넘기지 않고 지키셨다. 일제가 그토록 강요하는데도 끝까지 창씨개명을 하지 않을 정도로 강직한 분이셨다.

만약, 제자들에게는 원칙을 강조하면서 당신이 지키지 않았다면 제자들이 지금까지 스승을 그리워하고 가르침을 지키겠는가. 말과 행동이 그대로 일치하고 부처님 가르침에 어긋남이 없었기 때문에 모두 존경하고 제자들이 나이가 들수록 큰스님을 그리워하는 것이다. 그분의 삶을 세상 사람들에게 알려주려는 것도 이처럼 위대하고 큰스님이 계셨다는 것을 알고 스님들은 그 행을 배우고 신도들은 자부심을 갖기를 원해서다."

월서 스님은 평생 참선 정진하면서도 젊을 적에는 종단의 발전을 위해 헌신했다. 은사스님이 만든 종단을 지키기 위해 불국사 주지, 재무부장, 종회의원, 호계원장 등을 역임하며 종단의 호법신장 소임을 다했다. 그리고 종단 소임을 내려 놓은 뒤 은사스님의 가르침을 잇는 불사(佛事)에 매달렸다. 연구원을 만들고 학자들에게 연구를 맡기고 제자들에게 논문을 쓰게 했다. 은사스님을 기억하는 일이 곧 종단과 한국불교를 위하는 길임을 알기 때문이다.

책을 마무리하며

스님은 가셨지만 남긴 자취는 크고 영원하다. 금오 스님을 대표하는 '참선하라'는 가르침은 지금까지도 그랬지만 앞으로 한국불교의 등불로 더욱 활활 타오를 것이다. 지금 한국불교는 금오 스님 생전에 비할 수 없을 정도로 성장하고 커졌지만 내적 성숙도는 외형에 미치지 못한다.

특히 수행자의 위상과 권위가 예전 같지 않다. 잘 짜여진 승려 교육 시스템, 거의 전 분야에 걸쳐 작동되는 종무행정 체계, 진보세력조차 놀라는 활발한 사회활동, 대통령을 비롯 모든 정치인 관료가 고개를 숙일 정도로 정치적 사회적 위상이 커진 종단인데 왜 스님들의 사회적 신뢰, 재가자들로부터 받는 신망은 하락하는 것일까?

다시 시간을 되돌려 정화 당시로 돌아가야 한다. 무엇을 하고자 정화를 했던가? 종단의 현대화 사회화, 승려의 질적 향상, 부처님 가르침을 통한 사회구제가 목표였다. 이 목표를 달성하기 위해서는 부처님 가르침을 그대로 따르는 주역, 즉 '승가'가 바로서야 했다. 결혼해서 가정을 꾸리는 '무늬마저 비승려'가 아닌, 완벽한 수행자 '비구'가 주인이 되는 종단을 우선 만들고자 한 것이 50년 전 정화가 일어난 직접적 계기였다.

그런데 종단에 관한 고민은 많았지만 정작 수행자상과 수행자들의 공동체인 사찰에 대해서는 고민이 부족했다. 오늘날 외화내빈(外華內貧)격인 종단상은 바로 출가자상과 사찰에 관한 고민과 성찰 부족에서 기인했다고 해도 과언이 아니다.

정화는 단지 독신비구승이 다시 교단의 주인으로 자리매김하는 종단 권력 교체가 아니다. 종단 권력 교체는 수단일 뿐이다. 본질은 개인이 아닌 공동체, 물질이 아닌 정신, 소유가 아닌 무소유 종단을 만드는 데 있다. 독신비구승만이 부처님의 본래 교단을 회복할 수 있기 때문에 우선 종단 주체를 교체한 것이다. 독신비구승의 수행공동체가 제대로 작동하기 위해서는 수행자가 모두 참여하는 대중성과 동일한 권한을 갖는 민주성이 확보되어야 하며, 이를 담보하는 길은 수행이 종단의 동력이 되어야 했다.

정화는 그래서 선(禪)을 전문적으로 참구하는 수좌들이 교단을 수행공동체로 만들기 위해 나선 불교원리주의 운동이다. 이 운동을 추동하고 이끈 핵심 인물이 바로 금오 스님이다. 금오 스님은 그래서 교단의 변화가 아니라 사찰에서 수행공동체를 만드는 데 정화 후 노년을 바쳤다. 하지만 금오 스님의 당대 종단은 스님의 뜻대로 가지 않았다. 오히려 그 반대였다. 그래서 금오 스님은 이렇게 한탄했다.

"승려라 함은 세상만사(世上萬事)를 헌신짝같이 던져 버리고 수도(修道)로써 그 목적을 삼을 뿐이오, 그 외의 어떤 것도 출가자(出家者)의 바라는 바는 아닌 것이다. 그러나 근래에 와서는 주지를 사는 것으로 장기(長技)를 삼는 주지승(住持僧)이 있는가 하면, 사무승(事務僧)이 있고, 무사방일승(無事放逸僧) 등등 이루 헤아릴 수 없는 승명(僧名)이 대두되고 있다. 물론 종단을 움직이고 우리의 정화불사를 보다 체계 있고 원만하게 회향하려면 사무승도 있어야 하고 주지승도 있어야 한다. 따라서 이러한 스님들에게 깊은 감사를 드리는 바이지만, 그것으로 인하여 우리의 승려된 본지풍광(本地風光)을 잃어서야 그 주지의 직무와 사무가 무슨 필요가 있겠는가. 가슴 아픈 일이 아닐 수 없다."

스님의 지적은 옳았지만 당시 시대 흐름은 수행에만 전념할 수 없을 정도로 놓인 과제가 많았다. 종단을 친일대처승들이 책임지던 일제강점기 수좌들은 원하든 그렇지 않든 토굴에서 정진하는 한길 밖에 없었다. 하지만 정화 후 스님들은 종단과 한국불교 전체를 책임져야 했다. 현대 학문을 배운 승려를 양성해야 했으며, 무너져 내린 수행가풍도 세우는 한편, 방치된 재가자 교육도 정비해야 했다. 사회의 변화에 밀려난 소외계층을 위한 복지도 챙겨야 했다. 이 모든 일을 두고 좌선에만 몰두할 수는 없었을 것이다. 그런 점에서 1950년대 당시 대처승 지도부의 처신은 두고두고 아쉬움이 남는다.

금오 스님이 처음 주장했던 대로 수좌전용 18개 사찰을 할당하고 대처승들은 종단 운영 포교 등을 맡았다면 지금과는 다른 한국불교가 되었을지 모른다.

교구본사가 종단 구성의 뼈대라는 점도 금오 스님의 정화가 한계에 부딪힌 요인이다. 사찰은 제도적으로는 종단에 소속됐지만 종단법이 사찰과 스님들에게 직접적, 전면적으로 작용한 것은 1994년 개혁 이후부터다. 겉으로는 막강한 힘을 가진 것처럼 보이지만 종단 대표자인 총무원장이 행사할 수 있는 인사마저 아주 제한적일 정도로 실제 운영은 교구본사를 중심으로 움직인다. 교구본사는 곧 문중(門中)이다. 어른을 중심으로 형제 자식이 씨족을 형성하는 유교식 집안운영 원리가 불교에 적용된 것이 문중이다.

1960년대 한국불교는 문중이 사찰에 착근(着根)하는 시기였다. 교구본사 중에서 간화선을 되살린 수덕사와 구한말부터 선원을 개설했던 범어사, 대처승의 자발적인 양보로 비구승이 평화롭게 운영을 책임진 통도사, 만공 스님이 주석했던 백양사, 한암 스님의 월정사를 빼고는 정화 후 모든 본사가 무주공산(無主空山) 격이었다. 그 때문에 근 30여 년간 전국의 본사가 특정 문중이 들어갔다 나오는 과정을 반복하고 그 과정에서 숱한 잡음이 발생했다.

현대사에서 불교 분쟁의 본질, 외부에서 비판하는 '주지인사 갈등'이 바로 이러한 사정에서 비롯됐다. 교구본사가 갖고 있는 이러한 독특성으로 말미암아 사찰 정화가 참선 수행을 하는 수행공동체가 아니라 조사(祖師)를 정점으로 문중을 형성하는 대처승의 가족주의에서 비구승의 문중주의로 환원되는 결과를 초래하게 된다.

문중에 의한 단일 운영체는 1970년대부터 본격화된 사찰 건축불사, 강원과 선원의 운영 등 변화를 추동하는 힘이 되었다. 그리하여 사찰은 안정적인 기반 위에 빠르게 성장해 1990년대 이후 현재와 같은 대형 본사 체제를 구축할 수 있었다. 발전기에는 문중 내지 문도 중심의 단일체계가 효율적이지만 안정기에는 오히려 부작용만 커질 뿐이다.

급속한 경제성장을 바탕으로 사찰 불사가 마무리되고 복지 신도교육 등 포교도 궤도에 오른 지금 교구본사는 안정적 관리가 가장 큰 과제다. 발전기에는 빠른 의사결정과 효율적 행정이 필요하지만,

성장이 멈춘 관리기에는 민주적이며 투명한 행정이 요구된다. 민주적 운영과 투명 행정은 구성원들이 수행에 몰두할 때 실현된다. 구성원들이 수행하면 주지는 자연스럽게 수행자들을 지원하고 후원하는 보조 역할에 머물게 된다. 하지만 구성원들이 세속적 이익을 좇는 순간 교구본사를 대표하는 주지 자리는 권력으로 변질되고 사찰은 이전투구(泥田鬪狗)의 장으로 전락할 수밖에 없다.

금오 스님이 일갈했던 "승려라 함은 세상만사(世上萬事)를 헌신짝같이 던져 버리고 수도(修道)로써 그 목적을 삼을 뿐이오, 그 외의 어떤 것도 출가자(出家者)의 바라는 바는 아닌 것" "선의 길은 곧 우리가 살아야 할 길이며 사는 길 바로 그것인 것이다. 선(禪)의 길을 등지고 그 진리를 말살하는 자는 불법문(佛法門) 중의 마구니"라는 가르침은 사찰이 안정기에 접어든 지금 시급하게 받들고 실천해야 할 금과옥조(金科玉條)다. 정화의 기치를 올리고 50년간 한국불교는 시대에 짊어진 과제를 충실하게 수행했다.

그 결과 세계적인 한국불교를 만들었다. 이제 한국불교는 참선 정진 수행하는 일만 남았다. 출가자 수는 급속하게 줄어들고 있으며, 재가자들의 위상과 역할은 갈수록 커지고 있다. 스님들의 일탈을 감시하는 사회적 감시망은 촘촘하고 파장도 커졌다. 오직 참선 정진하고 계율에 철저하며 세속일은 쳐다보지도 않았던 원칙주의자이며 스스로에게 엄격했던 금오 스님처럼 살아가는 길만이 유일한 가치가 된 시대가 도래한 것이다.

한국불교 어디로 갈 것인가?
"금오 스님처럼 살자" 이 한마디면 된다.

금오 대선사 연보(年譜)

1896년 7월 23일	전라남도 강진군 병영면 박동리에서 동래정씨인 부친 용보(用甫)와 어머니 조(趙)씨 사이에서 2남 3녀 중 차남으로 태어남. 호는 금오(金烏), 휘(諱)는 태전(太田), 옛 이름은 태선(太先).
1911년(16세)	1월 5일 금강산 마하연선원(摩訶衍禪院)에서 도암긍현(道庵亘玄) 선사를 은사 및 계사로 모시고 득도.
1921년(26세)	오대산 월정사(月精寺)에서 수선안거(修禪安居). 8월 20일 범어사 금강계단(金剛戒壇)에서 일봉(一峰) 율사로부터 구족계 수지.
1923년(28세)	충남 예산군 보덕사 보월 선사(寶月 禪師) 회상에 나아가서 득처(得處)를 인가받음.
1925년(30세)	정혜사(定慧寺)에서 만공 노사(滿空 老師)로부터 보월 선사의 사법(嗣法) 제자임을 증명하는 건당식(建幢式) 봉행. 이때 금오(金烏)라는 법명을 받음.
1935년(40세)	경북 김천 직지사(直指寺)에서 첫 조실(祖室)을 지낸 후, 안변 석왕사(釋王寺), 서울 도봉산 망월사(望月寺), 청계산

    청계사, 지리산 칠불선원(七佛禪院), 모악산 금산사(金山寺), 대구 팔공산 동화사(桐華寺) 등에서 조실 역임.

1954년(59세) 전국비구승대회 정화추진위원회 추진위원장으로 선출되어 한국불교의 정화불사(淨化佛事)에 앞장섬.

1955년(60세) 대한불교조계종(大韓佛敎曹溪宗) 부종정(副宗正)과 감찰원장(監察院長)으로 추대되어 불교의 전통과 체계를 바로잡음.

1955년(60세) 서울 봉은사(奉恩寺) 주지, 속리산 법주사(法住寺) 주지 취임.

1956년(61세) 전남 구례군 화엄사(華嚴寺) 주지로 취임.

1958년(63세) 대한불교조계종(大韓佛敎曹溪宗) 총무원장으로 피선(被選).

1961년(66세) 캄보디아에서 열린 제6차 세계불교도대회(世界佛敎徒大會)에서 한국 수석대표(首席代表)로 참석. 싱가포르와 대만, 일본 등을 들러 불교계 현황을 두루 살핌.

1967년(72세) 충북 보은군 법주사(法住寺) 주지로 취임하여 조실로 추대.

1968년(73세) 10월 8일(음력 8월 17일) 19시 15분 속리산 법주사 사리각에서 입적(入寂). 향년 73세, 법랍(法臘) 57세.

금까마귀 계수나무 위를 날고

초판 1쇄 인쇄일	2016년 9월 5일
초판 1쇄 발행일	2016년 9월 10일
지은이	박부영
발행인	주경 스님(이동명)
발행처	대한불교조계종 불교신문사
책임편집	여태동
교정·교열	김창현
출판등록	2007년 9월 7일(등록 제300-207-133호)
주소	서울시 종로구 우정국로 67 전법회관 5층
전화	02)730-4488
팩스	02)3210-0179
e-mail	ibulgyo@ibulgyo.com

ⓒ 2016, 불교신문사

ISBN 978-89-960136-4-8 03220

값 18,000원

※ 이 책에 실린 내용은 무단으로 복제하거나 전재할 수 없습니다.
※ 잘못된 책은 교환해 드립니다.